T0131519

Essays zur Gegenwartsästhetik

Reihe herausgegeben von
Moritz Baßler
Münster, Deutschland

Heinz Drügh
Frankfurt am Main, Deutschland

Daniel Hornuff
Kassel, Deutschland

Maren Lickhardt
Innsbruck, Österreich

Die Reihe analysiert aktuelle kulturelle Phänomene in ihrer Ästhetik, Medialisierung und gesellschaftlichen Zirkulation monografisch. Es geht darum zu zeigen, wie gegenwärtiges ästhetisches Erleben unseren Alltag prägt, unser Konsumverhalten bestimmt, unsere Zugehörigkeiten formiert, unsere Lebensstile konstituiert und nicht zuletzt die Sphäre des Politischen prägt. Dieses betrifft Themen wie Geschlechterrollen und Liebesbeziehungen, Todesfantasien und die Stilisierung lebendiger Körper, Modediktate, Designtrends und Konsumpräferenzen, Arbeitsethiken, Freundschaftsrituale und demokratische Praktiken. All dieses hat spezifische Konjunkturen, wird zu bestimmten Zeiten besonders heiß und produktiv diskutiert.
Die Bände widmen sich auf dieser Basis aktuellen ästhetischen Phänomenen und Verhandlungen in literatur-, kultur-, medien- und gesellschaftswissenschaftlicher Perspektive und unterziehen sie semiotisch-kulturpoetischen Mikro- und Makroanalysen. Dadurch soll ihre kommunikative Dimension analysiert und kontextualisiert und ihre diskursive, politische wie ökonomische Aufladung transparent gemacht werden. Die Reihe richtet ihren Blick dorthin, wo mediale Aufmerksamkeit, ästhetische Prägnanz, ökonomische Potenz und kulturelle Virulenz sich an einem ästhetischen Kristallisationspunkt treffen. Konkret kann sich dies auf das Musikgeschäft, die Bildende Kunst, die Literaturproduktion, die Film- und Fernsehindustrie, Fangemeinden, Popkultur, Konsumästhetik etc. beziehen.

Kerstin Wilhelms ·
Immanuel Nover ·
Eva Stubenrauch ·
Anna Seidel ·
Melanie Schiller ·
Matthias Schaffrick ·
Christoph Jürgensen ·
Jan-Peter Herbst ·
Lea Espinoza Garrido ·
Thomas Ernst ·
Moritz Baßler

Rammsteins „Deutschland"

Pop – Politik – Provokation

J.B. METZLER

ISSN 2730-7301 ISSN 2730-731X (electronic)
Essays zur Gegenwartsästhetik
ISBN 978-3-662-64765-3 ISBN 978-3-662-64766-0 (eBook)
https://doi.org/10.1007/978-3-662-64766-0

Die Deutsche Nationalbibliothek verzeichnet diese Publikation in der Deutschen Nationalbibliografie; detaillierte bibliografische Daten sind im Internet über http://dnb.d-nb.de abrufbar.

Planung/Lektorat: Ferdinand Pöhlmann
J.B. Metzler ist ein Imprint der eingetragenen Gesellschaft Springer-Verlag GmbH, DE und ist ein Teil von Springer Nature.
Die Anschrift der Gesellschaft ist: Heidelberger Platz 3, 14197 Berlin, Germany

Kerstin Wilhelms
Germanistisches Institut
Westfälische Wilhelms-Universität
Münster, Deutschland

Eva Stubenrauch
Leibniz-Zentrum für Literatur- und Kulturforschung
Programmbereich Theoriegeschichte
Berlin, Deutschland

Melanie Schiller
Arts, Culture and Media
University of Groningen
Groningen, Niederlande

Christoph Jürgensen
Institut für Germanistik
Otto-Friedrich-Universität Bamberg
Bamberg, Deutschland

Lea Espinoza Garrido
Anglistik/Amerikanistik
Bergische Universität Wuppertal
Wuppertal, Deutschland

Moritz Baßler
Germanistisches Institut
Westfälische Wilhelms-Universität
Münster, Deutschland

Immanuel Nover
Institut für Germanistik
Universität Koblenz-Landau
Koblenz, Deutschland

Anna Seidel
Institut für Germanistik
Universität Innsbruck
Innsbruck, Österreich

Matthias Schaffrick
Germanistisches Seminar
Universität Siegen
Siegen, Deutschland

Jan-Peter Herbst
Centre for Music, Culture and Identity
University of Huddersfield
Huddersfield, UK

Thomas Ernst
Department of Literature
University of Antwerp
Antwerpen, Belgien

#Rammstein
#Deutschland
#RammDeutsch
#Germania
#PopMusikPolitik
#PopPolitikProvokation
#Popkultur
#RelevanteLiteraturwissenschaft
#Gegenwartsästhetik

Inhaltsverzeichnis

Einleitung

Germania als Gangsterbraut, SS-Offizierin, Heilige, im Kettenhemd, im Politbüro der DDR und als schwertschwingende Monarchin – die Bandmitglieder als KZ-Häftlinge und NS-Soldaten, als RAF-Terrorist:innen und als SED-Funktionäre. Das Video zu Rammsteins *Deutschland* (2018) bietet einen spektakulären Ritt durch die deutsche Geschichte, völlig frei von zeitlichen Zusammenhängen, narrativen Verknüpfungen oder wenigstens assoziativen Verbindungen. Das Spektakel teils grausam-blutiger, teils erotisierter Bilder hinterlässt zunächst keine politische Botschaft, nicht einmal ein Statement dazu, was *Deutschland* ist oder ausmacht. Doch das Medienecho ist groß: Empörung! Skandal! Geschicktes Marketing? Oder schlummert hier doch eine politische Positionierung? Wir wollen uns in diesem Band auf die abenteuerliche Reise durch Rammsteins *Deutschland* machen und dabei nicht nur die vielen Anspielungen aufdröseln, sondern uns

K. Wilhelms et al., *Rammsteins „Deutschland"*, Essays zur Gegenwartsästhetik, https://doi.org/10.1007/978-3-662-64766-0_1

fragen, was das eigentlich alles soll. Politisch, so unsere Intuition, ist das nämlich irgendwie schon – aber wie?

Eines ist klar: Rammstein provozieren. Neben zahlreichen, oft hochgradig sexualisierten Provokationen spielt die Band in ihren Songs und Musikvideos regelmäßig sowohl mit Doppeldeutigkeiten rund um die deutsche Geschichte als auch mit deutschen Nationalmythen. Sie greift dabei – ziemlich skandalträchtig – Inszenierungsstrategien auf, die augenscheinlich an die (alte und neue) Rechte anschließen: Für das Musikvideo von *Stripped* (1998) nutzt sie beispielsweise Szenen aus Filmen von Leni Riefenstahl und platziert damit NS-Propaganda-Ästhetik in einem Pop-Kontext (vgl. Baßler 2005). Auch in Textzeilen wie „Blitzkrieg mit dem Fleischgewehr" in ihrem Song *Pussy* (2009) wird – nicht weniger skandalös – ein Bezug zwischen deutscher (NS-)Geschichte und sexuellen Handlungen hergestellt. Immer wieder bedient sich die Band in ihren Videos und Texten des politischen Archivs und testet so die Grenzen des Sag- und Singbaren im deutschen Musikgeschäft.

Ein besonderes Beispiel dafür ist ihre Single *Deutschland* und das dazugehörige cineastisch-bombastische Musikvideo. Bereits vor der Veröffentlichung des Videos am 28. März 2019 schockte die Band mit einem nur 35-sekündigen Teaser, der die Bandmitglieder in KZ-Uniformen mit Strick um den Hals zeigt und den Titel sowie das Erscheinungsdatum des Songs in frakturähnlicher Schrift ankündigt. Empörte Reaktionen waren vorprogrammiert, und nur wenig später folgten skandalisierende Kommentare in der Presse, von Seiten der Politik und von Vertreter:innen der jüdischen Gemeinschaft in Deutschland.

Skandale sind bei Rammstein also Programm. Aber sind sie lediglich Strategien zur Selbstvermarktung, wie häufig spekuliert wird, oder sind Rammstein ein politisches Projekt? In *Deutschland* kulminiert mit dem vielschichtigen Video, dem andeutungsreichen Text und dem spezifischen Rammstein-Sound eine Ästhetik, die Pop und Politik verschmilzt, die Provokation nicht scheut und Rammstein unverwechselbar gemacht hat. Wir untersuchen *Deutschland* deshalb nicht nur im Hinblick auf Vermarktungsabsichten und politische Statements, wie es die Feuilletons teilweise getan haben, sondern fokussieren Rammsteins (beabsichtigtes oder unbeabsichtigtes) politisches Wirken im Kontext der Pop-Ästhetik. Indem Rammstein sich selbst und andere Popformate zitieren, durch drastische Bildelemente übertreiben, auf nationale Geschichte und Mythen referieren und mit Anleihen insbesondere bei verheerenden Teilen der Erinnerungskultur provozieren, verhandeln sie ihre politische Wirkung auf Ebenen, die weit über die bloße Wiederholung von politischen Standpunkten oder Vermarktungsstrategien hinausgehen. Im Zentrum der Untersuchung steht daher die Frage nach dem Politischen des Pop, nach einer popkulturellen Ästhetik des Politischen und wie dies bei Rammstein verhandelt wird.

Dieser Frage gehen wir in den folgenden Kapiteln aus verschiedenen Perspektiven nach, die für die Analyse von Rammsteins *Deutschland* zentral sind: intertextuelle Bezugnahmen, Mehrdeutigkeit, Musik, Geschichte, Ästhetik, Race & Gender, Nation, Gefühle, Rezeption und Performance. Jede Perspektive eröffnet andere Antwortmöglichkeiten auf die Frage, wie Rammstein das Politische popkulturell adressieren, sodass sich den folgenden Kapiteln auch ein wissenschaftlicher Streit ablesen lässt: Die Frage nach dem Politischen des Pop, die Rammsteins *Deutschland* stellt und die wir hier zu untersuchen haben, führt nicht zu dem *einen* Ergebnis. Vielmehr ergibt sich ein widersprüchliches und disparates Bild vom Politischen des Pop, das wir am Beispiel von Rammsteins *Deutschland* besprechen wollen. *Deutsch-*

land, so unsere These, liefert eine Überfülle an Bezügen auf Geschichte, Politik und Popkultur, wobei all diese Bezugnahmen durch diese Überfülle/Anhäufung in letzter Konsequenz konterkariert werden. Dabei konstellieren Rammstein die populären Bilder aber zugleich derart neu, dass sie diese zu einer politischen Pointe bringen – die sie wiederum selbst unterlaufen. Diese teils gegenläufigen und widersprüchlichen Bewegungen werden in den folgenden Kapiteln nachverfolgt, wobei wir uns am Ende jedes Abschnitts fragen, ob und wie das nun als politisch zu verstehen ist. Dazu sei zunächst der Begriff des Politischen umrissen.

Politik

Wenn eine Band wie Rammstein, die traditionell unter dem Verdacht rechter Stimmungsmache steht und sich in der Vergangenheit schon zu Selbstpositionierungen im linken Spektrum veranlasst sah, mit *Deutschland* ein spektakuläres Gemisch nationaler Mythen, Narrative und Bilder produziert, dann liegt die Frage nach der politischen Dimension des Songs auf der Hand. Obwohl in der politischen Verortung absolut gegensätzlich, verhalten sich der Vorwurf, Rammstein verkörperten die „Urszene von PEGIDA und AfD" (Balzer in *Spiegel Online* vom 16. März 2017), und das links schlagende Herz im Refrain von *Links 2 3 4* (2001) zu ein und demselben gesellschaftlichen Diskursbereich: der Realpolitik, also der politischen Arena von Parteien, Programmen und ‚Denkrichtungen'. Da es sich bei Rammsteinproduktionen allerdings um hochartifizielle ‚Texte' handelt, die intertextuell und intermedial ein Feuerwerk an geschichtlichen und kulturellen Bezügen zünden und damit die Rezeption polarisieren, bietet es sich an, eine politische Lesart anzulegen, die ästhetische, multimediale und soziale Einsätze mitberücksichtigt.

Im Anschluss an die französische Theoriebildung der letzten Jahrzehnte hat sich etabliert, immer dann, wenn jenseits von konkreten Parteikonstellationen die Grundlagen des sozialen Zusammenseins – wie kulturelle Identität, Nationalität oder globale Gerechtigkeit – verhandelt werden, in Abgrenzung zur (Real-)Politik vom ‚Politischen' zu sprechen (vgl. Marchart 2016, S. 16). Über das Politische zu sprechen, bedeutet aus der Perspektive des französischen Historikers Pierre Rosanvallon vom „Gemeinwesen jenseits unmittelbarer parteilicher Konkurrenz um die Ausübung von Macht" (Marchart 2010, S. 13) zu handeln. Im Gegensatz zum Politischen bezieht sich Politik hingegen auf das „tagtägliche […] Regierungshandeln" (ebd.) der politischen Institutionen.

Das Politische beschreibt also solche Handlungen, die die Grundstruktur des Gemeinwesens nicht einfach sein lassen, sondern transparent machen. Politisches Handeln beeinflusst, wer oder was sichtbar werden und auf der sozialen Bühne die Stimme erheben kann, und wer – auf Kosten dieser Räume des Sichtbaren und Gesagten – im Dunklen und Stummen bleibt (Rancière 2011, S. 41). Das Politische ist damit grundsätzlich kämpferisch: Es zielt nicht auf Konsens, Beruhigung, Stillstand, sondern auf Konflikt, Aufbruch, andauernde Aushandlung (Mouffe 2007, S. 15). Wenn die (real-)politischen (Be-)Gründungen nicht mehr als stabil und unhinterfragbar verstanden werden, sondern der stete Prozess der Infragestellung und Aushandlung ebendieser deutlich gemacht wird, dann wird klar, wie die Erzählungen des Politischen verfahren können: Sie beziehen eben nicht im Sinne einer engagierten Literatur (partei-)politisch Stellung oder nehmen eine Positionierung im Sinne der Politik vor, vielmehr arbeiten die Erzählungen – auch auf der Ebene der

Form – die Instabilität des Vorhandenen heraus. Die vorgeschlagene Differenzierung zwischen der Politik und dem Politischen ist folglich für die Analyse von *Deutschland* elementar.

‚Das Politische' ist allerdings schwer darstellbar. Es überrascht deshalb nicht, dass die politischen Theorien selbst mit einem hohen Maß an Bildlichkeit vorgehen, um ihren Gegenstand zu greifen. Die Beschreibung des Politischen als „grenzen- und grundlose See" (Oakeshott 1991, S. 60) ist ein Bild, mit dem veranschaulicht werden soll, dass die postmonarchische bzw. -totalitäre Gesellschaft nicht auf einem alternativlosen Fundament oder einer Doktrin aufbaut, sondern es dem politischen Handeln der Bevölkerung überlässt, in welche Richtung geschippert, ob gedreht oder geankert werden soll. Bilder wie dieses nutzen die Metapher der ‚Oberfläche', um die Differenz zu politischen Fundament(alism)en und die Rolle der kollektiven Aushandlung zu betonen. Das Politische steht damit in direkter Nähe zu ästhetischen Strategien, was in Formulierungen wie ‚politischer *Gestaltung*' oder ‚öffentlicher *Sichtbarkeit*' immer schon mitschwingt. Rammsteins *Deutschland* bietet nun eine Fülle an Bewegtbildern, sprachlichen Wendungen und musikalischen Konnotationen aus dem kollektiven Gedächtnis an, um ‚Deutschland' erscheinen zu lassen. Popästhetisch an der Oberfläche, gleichzeitig aber mit der ganzen Wucht nationaler Symbolik, werfen Rammstein die Frage auf, ob ihre Musik jenseits realpolitischer Kurzerklärungen weitere politische Facetten anbietet, oder ob sich das zusammengesetzte Bildspektakel in und um *Deutschland* ausdrücklich einer – jeder? – politischen Lesart entgegenstellt.

Pop

So komplex die Frage des Politischen generell ist, so schwierig ist die Frage, ob und wie es im Pop verhandelt wird bzw. verhandelt werden kann. „Once you ‚got' Pop", schreibt Andy Warhol, „you could never see a sign the same way again" (Warhol und Hackett 1980, S. 39). Pop ist ein ästhetischer Modus, der – wie Ironie, wie Camp – ‚gegettet', d.h. ‚kapiert' werden muss, was bei den Rezipient:innen meist (zunächst) vorbegrifflich geschieht. Dieses gemeinsame modale ‚Verständnis', wenn man es denn so nennen will, konstituiert die jeweiligen Stilgemeinschaften und unterscheidet sie von anderen. Folglich ist mitzubedenken, was Pop als Pop definiert, wenn man adäquat über politische Aspekte einer Band wie Rammstein sprechen will: Funktionalität, Äußerlichkeit, Künstlichkeit; eine sinnliche Ästhetik, die nicht Distanz aufbaut und interesseloses Wohlgefallen fordert, sondern erregend wirkt und den „Körper vorübergehend stark in Bewegung" setzt (Hecken und Kleiner 2017, S. 8). Die Angebote des Pop sind gemacht zum Dabeisein und Mitmachen, zum Eintauchen, sie bestechen durch ihre äußere Gestalt (so unterschiedlich sie auch ausfallen mag), durch die Oberfläche, den Sound, ihr Süßsein, ihre Überdrehtheit, ihre coole Haltung oder krasse Erscheinung. Demgegenüber sind Aspekte wie Semantik, Sinn und Bedeutung zunächst zweitrangig.

Auf den zweiten Blick zeigt sich aber, dass bestimmte Bereiche des Pop zugleich komplexe Fragen wie die der Identität, der Zugehörigkeit, des Sicht- und Hörbarseins verhandeln und sich somit als politisch lesen lassen – und das nicht nur auf der Ebene der Texte, sondern auch auf der Ebene des Stils, der Form, der Ästhetik. Schließlich stellt Pop immer die eigene Künstlichkeit und technische

Gemachtheit offensiv heraus, und verhält sich umgekehrt ablehnend gegenüber jeder Prätention von Ursprünglichkeit und Authentizität bzw. vereinnahmt diese wiederum für sein Zitatspektakel.

All dies verändert – siehe Warhol – den Status der Zeichen gegenüber ihrem primären Gebrauch. Wenn Rammstein in ihrer Gesamtperformance aus Musik, Text, Video und Bühnenshow das „Imaginäre der Nation" (Grabbe, Köhler und Wagner-Egelhaaf 2012) und seine geschichtlichen Abgründe aus Gewalt, Horror, Triebhaftigkeit, Zerstörung aufrufen, dann aktivieren sie „Deutschlands tiefstes Wesen und Deutschlands tiefste Bilder" (Maier 2019) eben nicht, indem sie in diese ‚Tiefe' eindringen, sondern indem sie die entsprechenden Zeichen abrufen. „Die Songs von Rammstein und ihre Shows führen nichts vor und drücken nichts aus, sie rufen ab." (Wicke 2019, S. 37) Das Gesamtkunstwerk Rammstein setzt sich aus musikalischen und symbolischen Codes zusammen, von denen viele in der globalen Populärkultur als typisch ‚deutsch' gelten: maschinell präzises „Klanggewitter" (ebd., S. 63) – man denkt bei dieser Formulierung gleich an Jüngers „Stahlgewitter" –, Militarismus, Nazi-Symbolik, nordische Mythologie, angereichert mit „Versatzstücken aus dem kulturellen Erbe Deutschlands" (ebd., S. 94), darunter die Grimm'schen Märchen, romantische Schauergeschichten und populäre Gedichte Goethes oder Brechts. Alles wirkt irgendwie „incredibly strange" (wie strange, sieht man in Jan Böhmermanns Rammstein-Parodie *Be Deutsch!*). Die Band bedient sich an den nationalen Bildarchiven und zitiert dabei ubiquitär das politische Imaginäre und die Popkultur.

Zitate aber stehen bekanntlich in Anführungszeichen – und die Anführungszeichen des Pop stellen uns vor besondere analytische Herausforderungen. Womöglich geht es bei Rammstein eben gar nicht um Deutschland, sondern allenfalls um ein ‚Deutschland', medial präformiert, diskursiv vorgeformt und potenziell warenförmig an ein Publikum vermittelbar. Diesem sekundären Status gilt es gerecht zu werden, auch im Hinblick auf das Politische, das damit ja nicht aus dem Spiel ist, sondern eher auf komplexere, weniger eindeutige und definitiv nicht-triviale Weise ins Spiel kommt. Schließlich wirkt allein auf Deutsch zu singen für eine Metalband seltsam eigenwillig und im Pop ohnehin etwas verkrampft (vgl. Schneider 2015, S. 105–106), unterstreicht aber auch den popästhetischen Umgang mit dem Deutschsein und ermöglicht damit – vor jeder eindeutigen Semantik – „freie Assoziierungen zwischen Riffs und Beats [und Sprache und Stimme] auf der einen und bestimmten Fantasien auf der anderen Seite" (Diederichsen 2017, S. 117). So hat sich unser Band der Aufgabe zu stellen, die Rammstein'schen Zeichen nicht nur zu lesen und zu deuten, sondern dabei auch dem spezifischen Pop-Modus und seiner politischen Dimension gerecht zu werden.

Zu diesem Band

In den folgenden Kapiteln haben wir die systematischen ‚Orte' des Werks aufgespürt, an denen sich Pop und Politik verfangen: Intertextuelle (Selbst-)Referenzen, Mehrdeutigkeiten, Sound und Performance, die Inszenierung von Geschichte und Geschichtlichkeit, Popästhetik als Spektakel und Inszenierungen von Race & Gender sowie die verschiedenen Narrative des Nationalen, die hier aufgerufen werden. Wir befassen uns zudem mit den Rezeptionsweisen und -haltungen, die Rammsteins *Deutschland* durch die Provokation von Affekten evozieren, und versuchen, diese in in- und ausländischen (Sozialen) Medien nachzuvollziehen.

Zitate, Bezüge und Verweise

Germania Magna, ein Faustkampf in den 1920er-Jahren, champagnertrinkende SED-Funktionäre, RAF-Mitglieder auf der Flucht, eine Schwarze Germania sowie KZ-Häftlinge und SS-Männer: Rammsteins *Deutschland* scheint, so der erste Eindruck, über Deutschland und über deutsche Geschichte zu sprechen. Bereits die exemplarisch angeführten Szenen machen jedoch deutlich, was in dem Video *nicht* erzählt wird: *Deutschland* erzählt keine glorifizierende oder nationalistische Erfolgsgeschichte. Zu fragen wäre aber nicht nur, *was,* sondern vor allem *wie* erzählt wird: Das Video zu *Deutschland* endet musikalisch, wie weiter unten genauer analysiert wird, mit einer Klavierversion von Rammsteins Stück *Sonne* (2001). Der in dem Video zu *Sonne* prominent inszenierte Glassarg, in dem Schneewittchen liegt, taucht am Schluss von *Deutschland* wieder auf, diesmal befindet sich allerdings Germania in dem Sarg. Bereits das kurze Beispiel zeigt, wie das Video

K. Wilhelms et al., *Rammsteins „Deutschland"*, Essays zur Gegenwartsästhetik,
https://doi.org/10.1007/978-3-662-64766-0_2

funktioniert: Das Video zitiert Musikstücke, Videos und Figuren, die den Rezipient:innen bereits bekannt sind. Diese Zitate können entweder im Rammstein-Kosmos verbleiben, also auf andere Musikstücke und Videos der Band (hier etwa auf *Sonne*) oder auf Texte und Figuren anderer Herkunft verweisen (etwa auf Schneewittchen). Der Glassarg in *Deutschland* ist somit nicht einfach als Glassarg zu interpretieren, sondern legt eine Kette von Verweisen an, die der mit den Rammstein-Videos und der (Pop-)Kultur vertraute Fan nachverfolgen kann. Diese Funktionsweise – also das Zitieren und Verweisen – ist als dominanter Modus von *Deutschland* auszumachen. Und dieser Modus, der sich technisch als Intertextualität bezeichnen lässt, wird sehr konsequent umgesetzt: Die intertextuellen Verweise lassen sich nicht nur auf Ebene der Bilder, sondern auch auf textlicher und musikalischer Ebene ausmachen. Das bedeutet: Jede Lesart – und vor allem jede wissenschaftliche Lesart – zu *Deutschland* muss sowohl die intertextuellen Verweise und die daraus sich ergebende Struktur als auch das Verfahren selbst in den Blick nehmen.

Nochmals komplexer wird das intertextuelle Verfahren, wenn Rammsteins *Deutschland* in Bezug zu dem Musikvideo *Germans* (1984) von Udo Lindenberg gesetzt wird. Sowohl inhaltlich als auch formal lassen sich Parallelen zwischen den Videos finden: *Germans* inszeniert nicht nur ein opulentes Bankett, sondern setzt auch Personen in militärischen Uniformen prominent in Szene – wie in *Deutschland* fällt besonders der feiernde SED-Funktionär auf. Aber auch auf der Ebene der Form gibt es Gemeinsamkeiten: *Germans* installiert kein stringentes und kohärentes historisches Narrativ, sondern setzt wie *Deutschland* die Szenen historisch und geografisch unstrukturiert nacheinander, sodass der SED-Funktionär u. a. mit einem Mann in bayerischer Tracht, einem Bauarbeiter und Udo Lindenberg feiert. Nach einem kurzen Blick in die Straßen Berlins der 1980er Jahre nimmt das Video vor der Berliner Siegessäule jodelnde Frauen mit Wikingerhelmen in den Blick. Die Komplexität ergibt sich aus der Verweisstruktur: *Deutschland* verweist intertextuell auf Inhalts- und Formebene auf ein Musikvideo, das selbst wiederum durch eine komplexe Verweisstruktur geprägt ist.

Auch in *Deutschland* sind die eingangs zitierten Szenen nicht zeitlich gereiht und mit historischer Bedeutung aufgeladen. Die Form des Videos, in dem kurze Szenen aus der deutschen Geschichte aus ihrer zeitlichen Logik entbunden und ‚frei' kombiniert werden, macht deutlich, dass es in *Deutschland* nicht darum geht, ein stringentes Narrativ Deutschlands – oder der deutschen Geschichte – anzulegen. Die bereits in der Aufblende sichtbaren roten Laserstrahlen, die im gesamten Video immer wieder prominent auftauchen, ließen sich hier in Verbindung zu der angedeuteten Form setzen: Sie sind nicht als roter Faden zu verstehen, der das Geschichtsbild durchzieht und strukturiert, sondern ‚scannen' die Szenen aus der deutschen Geschichte unterschiedslos ab. Weder folgen sie einer historischen Logik noch etablieren sie diese.

Zu fragen wäre aber erstens, wie die zitierten Referenzen angelegt sind: Verweisen die Bilder tatsächlich auf ‚Wirklichkeit' – sprich: deutsche Geschichte – bzw. auf Texte, die nicht von Rammstein stammen? Oder lassen sich die Verweise als selbstreferenziell verstehen, sodass ein geschlossener, popkulturell organisierter Rammstein-Kosmos angelegt wird? Festzuhalten ist auf jeden Fall, dass das angedeutete intertextuelle Verfahren – neben den oben zitierten Verweisen ließe sich noch eine Vielzahl weiterer Verweise anführen – auch hier der dominante Modus ist.

Aus diesen Überlegungen ergibt sich zweitens die Frage nach dem Politischen. Wenn sich *Deutschland* direkt auf Deutschland bezieht – wenn sich also etwa die eskalierende Feier der SED-Funktionäre, bei der der Raum geradezu zerfällt, als direkter Kommentar zum Zerfall eines korrumpierten politischen Systems verstehen lässt –, dann ist das Politische in den Bildern und dem Text zu identifizieren und zu analysieren. Wenn sich das Video aber in einem geschlossenen, selbstreferenziellen Kosmos bewegt, dann wäre zu diskutieren, wie die Logik und der Ort des Politischen hier zu denken wären. Die von der postfundamentalistischen Theorie formulierte Abgrenzung des Politischen von der Politik ist für die Analyse maßgeblich: Rammsteins *Deutschland* lässt sich – zumindest soll dies diskutiert werden – als komplexe Verhandlung des Politischen, aber keineswegs als Verhandlung der Politik lesen. Es geht, wie Pierre Rosanvallon zeigt, um das, was „ein Gemeinwesen jenseits unmittelbarer parteilicher Konkurrenz" ausmacht (Marchart 2010, S. 13). Das heißt: *Deutschland* diskutiert nicht Fragen der Politik, die also etwa mit den politischen Institutionen und Entscheidungen ebendieser verknüpft sind, sondern stellt grundsätzliche Fragen nach dem Politischen. *Deutschland* ruft die „Frage nach der Gründung" (ebd., S. 8) auf und demonstriert – im Sinne der postfundamentalistischen Theorie – den „strittige[n], umkämpfte[n] Charakter eines jeden Fundament[s]" (ebd., S. 8), das eben nicht auf Dauer gestellt werden kann und letztlich auch immer im Plural gedacht werden muss. Das Video greift diese Überlegungen auf der Ebene der ästhetischen Verfahren auf und dekonstruiert die vermeintlich dauerhaften Gründungen mit den kurzen gereihten Verweisen.

Um die zugrundeliegende intertextuelle Struktur genauer zu erfassen, soll das Video im Folgenden in zwei Schritten analysiert werden: Zum einen sollen die intertextuellen Referenzen auf der Text-, Musik- und Bild-Ebene in den Blick genommen werden (zur

Intertextualität vgl. Berndt und Tonger-Erk 2013). Dass damit eine künstliche und nachträgliche Trennung der im Video verwobenen und simultanen Bereiche erfolgt, ist unvermeidbar. Zum anderen soll die Struktur der jeweiligen Verweise – fremdreferenziell oder selbstreferenziell bzw. beides – diskutiert werden.

Text

Auf der Textebene fällt ein Verweis direkt auf: Der Song *Deutschland* setzt mit der Zeile „Du (du hast, du hast, du hast)“ ein. Die Zeile verweist somit erstens auf den Rammstein-Song *Du hast* (1997), in dem es in den Strophen jeweils heißt: „Du/Du hast/Du hast mich“ – eine Zeile, die Rammstein-Fans von den USA bis Russland souverän mitsingen können. Mit dem intertextuellen Verweis, der hier nicht auf ein Außen weist, sondern im Rammstein-Kosmos verbleibt, wird zweitens auch das in *Du hast* vollzogene Spiel mit der Homophonie, also dem Gleichklang zweier Wörter mit unterschiedlicher Bedeutung, aufgerufen. Der Song *Du hast* provoziert akustisch eine Fehlinterpretation (es geht um den Hass der mit „Du“ adressierten Person). Der Text baut die Fehlinterpretation geschickt auf, indem die Zeilen „Du/Du hast/Du hast mich“ fünfmal wiederholt werden, bevor die dritte Zeile kurz vor dem Refrain eine entscheidende Ergänzung erfährt, die eine Revision der Lesart erzwingt: „Du, Du hast, Du hast mich/gefragt […] und ich hab’ nichts gesagt“. In Rammsteins *Du hast* wird folglich bereits ein Spiel mit sprachlichen Bedeutungen aufgemacht, das beim Hören überrascht, Erwartungen unterläuft und die Revision von Lesarten erforderlich macht („~~Du hasst~~“ => „Du hast“). Selbst beim wiederholten Hören wird die Ambivalenz nicht vollständig aufgelöst, obwohl die Pointe den Hörenden bereits bewusst ist.

Indem in *Deutschland* nun auf die in *Du hast* vorliegende Homophonie intertextuell Bezug genommen wird, wird die Komplexität gesteigert: In *Deutschland* lautet die semantisch noch offene erste Zeile nun „Du (du hast, du hast, du hast)", bevor in der zweiten Zeile – „Hast viel geweint (geweint, geweint, geweint)" – Eindeutigkeit hergestellt wird. Die erste Lesart zu *Du hast,* in der der Hass pointiert herausgestellt wird, wird aber nicht einfach durchgestrichen. Vielmehr wird der Hass nicht nur als wichtige Emotion für das gesamte Video stark gemacht, sondern auch auf der Textebene wieder aufgenommen: Im Refrain heißt es in den entscheidenden Zeilen: „Man kann dich lieben (du liebst, du liebst, du liebst, du liebst) / Und will dich hassen (du hasst, du hasst, du hasst, du hasst)". Die zweifache Nennung des Hasses in der zweiten und in der dritten Person Singular steht hier an einer exponierten Stelle und bereitet die in den Rezensionen zu *Deutschland* breit diskutierten (und skandalisierten) Zeilen vor: „Überheblich, überlegen/Übernehmen, übergeben/Überraschen, überfallen/Deutschland, Deutschland über allen" (siehe ausführlicher im Kapitel „Mehrdeutigkeit").

Die vermeintliche Eindeutigkeit wird also auf der Ebene der Semantik an der zitierten Stelle hergestellt („du hast", „~~du hasst~~"), zugleich wird durch die Erst- oder Fehllektüre eine Emotion und Lesart aufgerufen, die sich wenig später als elementar für das Verständnis des Textes erweist.

Der Refrain, der sich in *Du hast* noch auf den Kontext Heirat beziehen lässt, wird als aktualisiertes Zitat in *Deutschland* nun drittens in einen anderen Kontext versetzt, wodurch die vorgelegte Lesart von *Du hast* eine Bedeutungsveränderung erfährt: „Du hast mich gefragt/ Du hast mich gefragt und ich hab' nichts gesagt // Willst du bis der Tod euch scheidet/Treu ihr sein für alle

Tage? / (Ja) Nein". Wer nun mit „ihr" gemeint ist, wem also der Treueschwur bis in den Tod verweigert wird (etwa: Germania?), bleibt an dieser Stelle offen.

Musik

Auf musikalischer Ebene lassen sich im Intro und im Abspann des Videos ebenfalls Referenzen ausmachen – die aber hinsichtlich ihrer Fremd- bzw. Selbstreferenz unterschiedlich funktionieren: Die Synthesizer-Klänge im Intro erinnern stark an Anne Clarks Song *Our Darkness* (1984). Sie verweisen also auf ein New/Dark Wave-Musikstück mit einem sprechenden Titel, der im Kontext von *Deutschland* und den dort aufgerufenen Verweisen durchaus als treffend bezeichnet werden kann. Zudem wurde *Our Darkness* als Titelmelodie des (links-satirischen) Politmagazins ZAK verwendet – die Verweise über das Musikstück lassen sich also ebenfalls auf mehreren Ebenen verfolgen.

Die Referenz zu *Our Darkness* ist im Video überaus prominent gesetzt: Das Video beginnt mit nicht genau identifizierbaren Synthesizer- und Soundeffekten, bis nach knapp einer Minute der Titel *Deutschland* in einer Art Frakturschrift von dem roten Laser geschrieben wird. Im dunklen Hintergrund ist eine ein Kreuz haltende Skulptur sichtbar, die von dem Laser abgetastet wird. Die dunklen Synthesizer-Klänge werden bald in die an *Our Darkness* erinnernden Klänge überblendet. Die roten Laserstrahlen tasten erst noch das Schlachtfeld der Germania-Magna-Szene ab, verbinden diese Szene dann aber mit der nächsten, in der Astronauten einen Sarg tragen. Der intertextuelle Verweis funktioniert hier in praesentia auf musikalischer Ebene, wobei die Textebene, auf die nicht direkt verwiesen wird, in absentia durchaus mitschwingt.

So heißt es in Clarkes Refrain: „Doubting all the time/ Fearing all the time/Doubting all the time/Fearing all the time/That like these urban nightmares/We'd blacken each other's skies."

Bild

Der Abspann von *Deutschland* endet schließlich mit einer selbstreferenziellen akustischen Klavierversion von Rammsteins *Sonne* (2001). Hier wären wir also wieder im geschlossenen Kosmos: Rammstein zitieren Rammstein. Bevor der lange Abspann einsetzt, wird Rammsteins *Sonne* jedoch bereits auf der Bildebene ausführlich zitiert. Das Video zu *Sonne* verweist auf das Märchen Schneewittchen, das in den *Kinder- und Hausmärchen* von Jacob und Wilhelm Grimm erzählt wird (Grimm 1999). Zugleich erinnert die Inszenierung der Figur Schneewittchen – nicht zuletzt durch ihr Outfit – an die popkulturell archivierte Inszenierung des Disney-Schneewittchens im markanten blau-gelben Kleid. In dem Video sieht man die Mitglieder der Band als Zwerge, die unter Tage eine goldene Substanz für ein drogenabhängiges Schneewittchen gewinnen müssen, das diese dann bis zum ‚goldenen' Schuss konsumiert. Schneewittchen wird in dem Video nicht nur dem Märchen gemäß als groß dargestellt, sondern erfährt eine massive erotische Aufladung – hier wird das Archiv ausgebaut, indem nicht nur auf die Grimm'sche Märchenfigur und die Disney-Version von Schneewittchen verwiesen, sondern zudem die Verarbeitung dieser Bilder in expliziten bzw. pornografischen Kontexten aufgerufen wird. Im Video zu *Sonne* lässt sich folglich eine übergroß und ambivalent gezeichnete Frauenfigur als machtvoller Fixstern ausmachen. Schneewittchen wird von den trauernden Zwergen nach ihrem vermeintlichen Tod aufgrund einer Überdosis in einen gläsernen Sarg gelegt, aus dem sie sich am Ende des Videos überraschend erhebt, um die Zwerge wieder in die Goldmine zu zwingen.

Genau dieser prominent inszenierte Glassarg wird in *Deutschland* wieder aufgenommen: Diesmal endet das Video mit der Frauenfigur Germania, die in einem Glassarg ins Weltall fliegt. Der Flug im All verweist wiederum auf das amerikakritische Video zu Rammsteins *Amerika* (2004), in dem die Mitglieder der Band als Astronauten auf dem Mond posieren und musizieren – Till Lindemann trägt dabei an seinem Astronautenanzug das Namensschild (Neil) Armstrong.

Die selbstreferenziellen Verweise in *Deutschland* auf *Sonne* bestehen folglich auf (mindestens) drei Ebenen: Auf der Ebene der Musik wird erstens das ursprüngliche Musikstück leicht verändert aufgenommen. Auf bildlicher Ebene kann zweitens der Glassarg, der in beiden Videos zu sehen ist, als Verweis verstanden werden. Und auf der Ebene der Figuren könnte drittens die dominante Frauenfigur, um die sich die Figuren in den Videos konzentrieren – und damit jeweils die Mitglieder der Band, die diese spielen –, als Zitat verstanden werden.

Der Bezug auf die ikonische (und mit vielfältigen Bedeutungen aufgeladene) Figur Schneewittchen, die im Video eindeutig markiert ist, gestaltet die Verweisstruktur noch komplexer: Die eben diskutierte Selbstreferenz wird nun um eine Fremdreferenz ergänzt. Selbst- und Fremdreferenz scheinen hier in der einen Figur gekoppelt zu sein.

Durch einen weiteren Verweis wird die Bildebene noch weiter geöffnet: Kurz bevor der Titel „Deutschland" eingeblendet wird, endet die Germania-Magna-Szene mit einem Close-Up der Figur der Schwarzen Germania, die ein Messer und den eben abgeschnittenen Kopf des Sängers Till Lindemann in der Hand hält. Dieses Motiv wird am Ende des Videos noch einmal aufgenommen – Germania ist diesmal als Königin zu sehen und hält wiederum Lindemanns Kopf in der Hand –, und erinnert zudem an ein Album-Cover von B-Tight, der beim Label Aggro Berlin unter Vertrag war. Das Paradigma wird nun weiter gefasst: Die Bezüge erweitern den Rammstein-Kosmos nun um die Bilder (und die diesen zugrundeliegende Ästhetik) des Labels Aggro Berlin und das aus verschiedenen Gründen kontrovers diskutierte Album von B-Tight aus dem Jahr 2007.

Nicht nur eignet sich der in den USA geborene Sohn eines afroamerikanischen Vaters schon im Albumtitel das N-Wort selbstbewusst an, auch ist das Cover zur LP kalkuliert drastisch. So ist der Schwarze B-Tight auf dem Cover mit erkennbar geschwärztem Gesicht zu sehen. Mit der rechten Hand hält er sich die Klinge eines Messers an den Hals, in die linke Hand ist sein eigener, abgetrennter, blutiger und nicht geschwärzter Kopf montiert. Der Umgang mit dem N-Wort und Blackface löste innerhalb der Community Diskussionen aus, und ein Jahr nach der Veröffentlichung landete das Album auf dem Index, nur um kurze Zeit später in einer ‚sauberen', durch ein „X" markierten Version vom Label wieder auf den Markt gebracht zu werden.

Das Label ist das 2001 von Specter Berlin mitgegründete Aggro Berlin. Es ist vor allem dafür bekannt, dass es mit seinen Releases austestet, was man sich als Skandal gerade noch so leisten kann. Indizierungen durch die Bundesprüfstelle für jugendgefährdende Medien werden einkalkuliert und dürften fast schon zur Marketingstrategie gehören. Wenn die Releases auf dem Index landen, trägt das letztlich nur zum Krassheits-Mythos bei. Bei Album-Veröffentlichungen reagiert Aggro Berlin oft auf Indizierungen, indem ein jugendfreies Re-Release organisiert wird – jeweils durch besagtes

„X" gekennzeichnet. Und es ist ausgerechnet Provo-Mastermind Specter Berlin, das auch bei Rammsteins Video zu *Deutschland* Regie führt.

Wenn nun also Rammsteins Schwarze Germania in einem Video, zu dem Aggro Berlins Specter Regie geführt hat, Lindemanns Kopf in die Kamera hält, dann wird B-Tights Albumcover – mit all seinen kontroversen Kontexten – zitiert. Dass im Abspann weitere Aggro Berlin-Protagonisten, wie die Rapper Frauenarzt und Manny Marc, als Nebendarsteller aufgelistet sind, kann als verdichtendes Surplus gelesen werden.

Die intertextuellen Verweise in *Deutschland* folgen somit einer komplexen Logik, die, so die These, die Referenzen nicht in einer einfachen Zitatstruktur denkt, sondern stets Referenz auf Referenz türmt und Unschärfen sowie Vieldeutigkeiten installiert. Dies kann als grundlegendes Verfahren von *Deutschland* verstanden werden. Dass in dieser Logik nicht ein ‚direktes' Sprechen über das Politische angelegt ist, scheint klar. Die Verfahren der Intertextualität demonstrieren aber den eingangs angedeuteten Verzicht auf stabile Fundamente und Gründungen: Das, was Jacques Rancière für die Literatur festhält, lässt sich nun auch für Rammsteins *Deutschland* diskutieren: Die Literatur überlässt „den Radau der demokratischen Bühne den Rednern […], um in die Tiefen der Gesellschaft zu reisen" (Rancière 2011, S. 35). Diese Reise stellt nun aber keine Studienreise in die (historisch korrekte) deutsche Vergangenheit dar; vielmehr – und dies wäre eine Leistung der Form – wird die deutsche Geschichte im Sinne einer flachen ‚Vergangenheit' gefasst. Genau diese Fassung und genau diese Form ermöglichen nun die Diskussion des (postfundamentalistisch strukturierten) Politischen.

Mehrdeutigkeit

Aus einer Perspektive, die die oftmals mehrdeutigen Textstellen und Bildbezüge der Rammstein-Produktion als strukturelle Ambiguität identifiziert, kann das Politische *Deutschlands* nicht in eindeutig realpolitischen Bezügen bestimmt werden: Wie der Aufbau von Sinn schillert auch das Politische zwischen Nationalmythos und Popästhetik; die Frage nach einer politischen Positionierung läuft gewissermaßen ins Leere. Genau diese Dynamik aus Pop- statt Realreferenz auf der einen und nationalem Meta-Narrativ auf der anderen Seite verleiht *Deutschland* eine politische Funktion, die abseits der Politik und stattdessen im Politischen der Form zu suchen ist.

Für Furore sorgten ganz besonders folgende Textzeilen, genauer: die letzte (vgl. Lange 2019; dpa 2019b); an ihr und ihrer Anleihe an die verbotene erste Strophe der Nationalhymne meinte man eindeutig festmachen zu

K. Wilhelms et al., *Rammsteins „Deutschland“*, Essays zur Gegenwartsästhetik, https://doi.org/10.1007/978-3-662-64766-0_3

können, dass Rammstein nun endgültig ihr Spiel überreizt hätten:

> Überheblich, überlegen
> Übernehmen, übergeben
> Überraschen, überfallen
> Deutschland, Deutschland über allen

Ein Lied mit dem Titel *Deutschland* und dem offensichtlichen Bezug zum nationalen Selbstüberhöhungswahn? Noch dazu ein übersteigerter Bezug, insofern die Wortfolge der Nationalhymne „über alles" verändert wird: Im Gegensatz zum uneindeutigen ‚über alles' liegt in „über allen" eine Personifizierung mit klarem Außenbezug, die die Höherwertigkeit der deutschen gegenüber anderen Nationen auf den Punkt bringt. Das geht nun wirklich nicht. Das Argument der öffentlichen Reaktion basiert auf der Befürchtung, dass eine Konzertmenge diese Zeilen einstimmig mitbrüllen und feiern könnte.

Bei näherem Hinsehen fällt aber ins Auge, dass die tabuisierte Zeile vorbereitet wird. Sie ist eingespannt in eine Reihe von Alliterationen bzw. in die Häufung des immer gleichen Präfixes ‚über' in verschiedenen Wortarten und Sinngehalten. Das Präfix ‚über' ist seinerseits mehrdeutig, kann es doch eine Steigerung oder ein ‚Zuviel' ausdrücken, Überdruss meinen, einen Ortswechsel markieren und vieles mehr. In ihrer Häufung erinnern die vielen ‚über' zudem an die gängige Redeweise des ‚über und über', in der das Adverb so viel bedeutet wie ‚völlig' oder ‚erschöpfend'. Als Präposition ist mit ‚über' dagegen eine räumliche Hierarchieposition oder ein völliges Bedecken und Einnehmen von etwas durch etwas anderes angegeben. „Deutschland, Deutschland über allen" – also mehr als alle, besser als alle? Oder doch eher ein umfassendes Hadern damit, von der nationalen Idee eingenommen zu sein, die das Selbst über und über bedeckt und umgibt? Und was genau bedeutet das für den Umgang mit dem Identifikationsangebot der Nation, die im Video so vielgestaltig inszeniert wird?

Später ist dann zu hören: „Übermächtig, überflüssig/Übermenschen überdrüssig". Die erste Zeile ist ein Paradoxon. Bei der zweiten ist unklar, ob im medial Mündlichen wie in der schriftlichen Transkription ein imaginäres Komma zwischen „Übermenschen" und „überdrüssig" steht, ob es sich also um eine Aufzählung handelt, oder ob vielmehr die Übermenschen Auslöser des Überdrusses sind. Oder entsteht der Überdruss vielleicht wegen der ständigen ‚über'-Wiederholungen der aufeinanderfolgenden Zeilen? Auf der Textebene wird also vor allem deutlich, dass die politische Provokation zu einer Formästhetik gehört, die elementar mit Verfahren der Mehrdeutigkeit operiert. Mehr noch: Es wird deutlich, dass die Provokation gerade darin besteht, das Nationale mit mehrdeutigen Bezügen und Kombinationen auszudrücken. Genau hier, so eine erste These, treffen sich die Formästhetik des Pop und die (verletzten) Ansprüche an politische Kommunikation und nationale Narrative. Und genau hier, so eine zweite These, verläuft die Grenze zwischen dem, was wir normalerweise unter ‚Politik' verstehen, und dem Politischen, wie es die neuere postfundamentalistische Theorie fasst. Diese beiden Thesen zusammenfassend könnte man sagen: Das Politische liegt in *Deutschland* nicht trotz, sondern wegen seiner mehrdeutigen Form vor; es konstituiert sich allererst durch das Schillern zwischen Formierung und Aufbruch der Form.

Pop vs. Politik?

„In Deutschland wird sehr viel Wert gelegt auf Eindeutigkeit im politischen Kontext“ (dpa 2019a), erklärt der Musikkritiker Torsten Groß die Empörungswelle nach dem *Deutschland*-Release. Die „gewaltige Materialschlacht“ der Produktion verstoße gegen die Regeln politischer Normalkommunikation, da die Fülle an historischen Referenzen gemischt mit intertextuellen sowie intermedialen popkulturellen Bezügen eine eindeutige Lesart des Nationalnarrativs erschwere. Die Erklärung des Kritikers lässt sich in der Tradition einer Skepsis gegenüber Mehrdeutigkeiten verorten, die bis zur antiken Gerichtsrede zurückreicht. Im Äußerungsakt und in der Medialität des Ausdrucks erkannten etwa Cicero oder Quintilian maßgebliche Ursachen sprachlicher Mehrdeutigkeit (vgl. Berndt und Kammer 2009, S. 12–14). Die mündlich vorgetragene Rede sei besonders aufgrund der Ernsthaftigkeit ihres Anlasses, also der stellvertretenden Fürsprache und Gegnerschaft im Gerichtsverfahren, und aufgrund ihrer Zielsetzung des Überzeugens im Vorhinein von Uneindeutigkeiten zu befreien. Sie berge aber dennoch die Gefahr der situativen Mehrdeutigkeit, etwa durch Versprecher oder spontan entstehende Unterschiede in der Aussprache und Betonung. Auch die schriftlich verfasste Rede sei nicht ganz frei von Mehrdeutigkeiten, da die Intransparenz von Produktion und Lektüre Effekte des Missverstehens herbeiführen könne (vgl. ebd., S. 13). Ambiguität wird in der antiken Rhetorik also vor allem in ihrem Konfliktpotenzial thematisiert und als Konsequenz sprachlicher Ungenauigkeit abgewertet (vgl. Bernecker und Steinfeld 1992). Quintilian nennt jedoch Ausnahmen, die eine gezielte Mehrdeutigkeit des Ausdrucks legitimieren oder sogar wünschenswert machen: Die Tyrannenkritik, die eine freie und eindeutige Äußerung verhindert; die obszöne Rede, bei der Mehrdeutigkeit konstitutiv ist und dazu beiträgt, im sozialen Aufeinandertreffen die Sitten zu wahren; und die ästhetische Formung, die eine Befreiung von lebensweltlichen Kontextregeln herbeiführt und somit den Intellekt in produktive Spannung versetzt (Quintilianus 1988, S. 299). Genannt werden hier also vor allem Situationen, die eine Abweichung von normativen Vorgaben und vom „Kommunikationsernst" legitim erscheinen lassen (Bauer u. a. 2010, S. 9), weil sie *Sonder*formen der Kommunikation bedeuten, die die gewöhnlichen sozialen Rahmungen aushebeln.

Torsten Groß steht mit seiner Annahme, dass Aussagen über die Nation in die politische Rede und damit *eben nicht* in eine Sondersituation fallen, und dass sie ein Mindestmaß an Ernsthaftigkeit erfordern, nicht alleine da. Der Bielefelder Literaturwissenschaftler Wolfgang Braungart erkennt dieselbe Zuordnungstendenz, wenn er in seinen Thesen zur *Ästhetik der Politik* angibt, der Wunsch nach Eindeutigkeit sei in der Erinnerungspolitik offenbar so groß, dass Mehrdeutigkeit gar nicht erkannt werde – etwa in der Aktion der Stolpersteine, die neben der Mahnung auch ein Mit-Füßen-Treten oder ein Drüberhinweggehen symbolisieren könnten, was allerdings nicht diskutiert wurde (vgl. Braungart 2012, S. 7). Douglas Rushkoff, amerikanischer Medientheoretiker und Kolumnist, konstatiert sogar eine absolute Unvereinbarkeit der von ihm kritisierten mehrdeutigen Pop-Ästhetik des 21. Jahrhunderts mit dem Bedürfnis nach klaren politischen Erzählungen. Neue Medienpraktiken und die darauf reagierende bzw. damit einhergehende neue Popkultur haben laut Rushkoff einen ‚narrativen Kollaps' provoziert (vgl. Rushkoff 2014, S. 19), der frühere und aktuelle Sinnformate wie eine Zäsur voneinander abspaltet: „In ihrer Gesamtheit gaben sie [die großen Geschichten] unserem Leben, unserer Nation, unserer Kultur und unserem Glauben eine erzählerische Ordnung. Die Art und Weise, in der wir unsere Erfahrungen strukturierten und über die Welt sprachen, war im Wesentlichen narrativ“ (ebd., S. 22). Diese Rückschau auf vergangene narrative Identifikationsmodi konfrontiert Rushkoff mit einer Gegenwartsdiagnose, die er an der ihn umgebenden Unterhaltungslandschaft festmacht: Serien des 21. Jahrhunderts etwa

> entfalten ihre Wirkung nicht, indem sie lineare Geschichten erzählen, sondern indem sie durch ihren verschachtelten Anspielungsreichtum Verbindungen zwischen unterschiedlichen medialen Formaten herstell[en]. Das Rezeptionserlebnis gleicht weniger einem Spaziergang als der Betrachtung einer Landkarte. Anfang, Mitte und Ende sind hier bedeutungslos. Was zählt, ist, dass in jedem einzelnen Moment neue Verbindungen hergestellt oder verlogene Geschichten bloßgestellt oder rekontextualisiert werden können (ebd., S. 37).

Rushkoff attestiert neuen popkulturellen Formaten also einen primär verflachenden Effekt. Entscheidend sei nicht mehr der mimetische Bezug zur Wirklichkeit bzw. der erzählerische Spannungsaufbau, der auf Rezeptionsebene ein ‚Mitfiebern‘ und eine Identifikation herbeiführe, sondern vielmehr ein Geflecht aus Zitaten und Verweisen, das Sinn intermedial und selbstreflexiv erzeuge. Diese fehlende Richtungskontinuität der Handlung erschwert nach Rushkoff eine eindeutige Lesart. Nur mit einer ausgeprägten Kenntnis der popkulturellen Landschaft der Gegenwart könne man sich in den Verweisen des Pop zurechtfinden. Die Popkultur gewöhne uns damit zunehmend an ein Denken in Netzwerkstrukturen und nicht mehr in Linearitäten, wodurch identifikatorische Narrative auf der Strecke blieben. Diese Populärkultur hält Rushkoff dann schlussfolgernd auch für gänzlich unpolitisch, wodurch er ‚Politik' mit ‚Narration' gleichsetzt. Mit anderen Worten: Nach Rushkoff ist die *Form* der Politik eine mehr oder weniger eindeutige Narration.

Dem liegt die nicht ganz unproblematische Identifikation politischer (Meta-)Narrative – wie z. B. die moderne Pluralisierung, nationale Einheit, aufklärerische Befreiung etc., die Zeitdiagnosen übrigens selbst oft verwenden (vgl. Stubenrauch 2021, S. 63–64; Schumacher 2018, S. 70–71) – mit der Struktur einer linearen Erzählung zugrunde (siehe ausführlicher die Kapitel „Nation", „Gefühle" und „Pop-Ästhetik"). Politische Identifikation könne nur dann erfolgreich sein, wenn die Form des Narrativs einfach strukturiert ist und unmittelbar eindringt. Eine davon abweichende Formästhetik wie die des gegenwärtigen Pop wird zunächst und ähnlich der Logik antiker Zuteilung von Normal- und Sonderkommunikation als abweichend markiert und dann als unpolitisch degradiert; ihr wird eine geringere gesellschaftspolitische Macht zugeschrieben. Ist nun aber jedes politische Meta-Narrativ vorwiegend narrativ-linear und ist im Umkehrschluss jede mehrdeutige Verknüpfung unpolitisch?

Der Konstanzer Literaturwissenschaftler Albrecht Koschorke definiert in seiner *Allgemeinen Erzähltheorie* die Erzählung als „eine Folge von Ereignissen, die mit einer gewissen Konsequenz auseinander hervorgehen und zugleich in ihrer Gesamtheit eine episodische Einheit bilden, die mithin sowohl syntagmatisch als auch paradigmatisch verstrebt sind" (Koschorke 2012, S. 30). Eine Handlungsstruktur ergibt sich also einerseits aus der kausal motivierten Abfolge von Geschehnissen, andererseits aus ihrer Integrierbarkeit in ein logisches Gerüst, das eine Wiedererkennbarkeit der erzählten ‚Welt' in ihren einzelnen Elementen ermöglicht. Meta-Narrative wie das der nationalen Einheit sind laut Koschorke nun aber stärker als andere literarische oder lebensweltliche Narrative durch ihre ‚schwebende Geltung' definiert (vgl. ebd., S. 251), will heißen: durch die latente Allpräsenz nationaler Identifikationsangebote im kulturellen Wissensspeicher, die in einem Meta-Narrativ mehr lose und abstrakt als konkret verknüpft werden. Diese lose Form lässt unterschiedliche Deutungen zu, wirkt prinzipiell aber ‚bedeutsam'. Gerade dieser Überschuss an Bedeutung, der sich in der Realisation nie ganz einfangen lässt, begründet die Beharrlichkeit von Meta-Narrativen: „Unschärfe steigert hier also die semiotische Wirksamkeit" (ebd., S. 250). Meta-Narrative weichen also in ihrer Struktur von anderen Erzählungen mit klarem Spannungsaufbau ab (vgl. Lehmann 2016, S. 28). Sie erzählen weniger kausal als vielmehr assoziativ, außerdem sind ihre Bezüge untereinander weitgehend austauschbar – und sie sind trotzdem bzw. gerade deswegen besonders wirksam.

Rammstein bedienen sich nun genau dieser Dehnbarkeit und reizen sie mit einer typisch popkulturellen Formästhetik noch weiter aus, um die Großerzählung nationaler Identität in Szene zu setzen. *Deutschland* schafft einen Nationalmythos, der nicht vorrangig narrativ funktioniert. Er eckt durch seine mehrdeutige Popästhetik an, weil er sich nicht in Identifikationsmuster der ‚Politik' einreihen lässt. Rammsteins ‚Nationalhymne' bedient damit vielmehr die formale Logik des *Politischen,* das wiederum über seine Form von dem gesellschaftlichen Teilbereich der *Politik* und ihren engen Kommunikationsgrenzen verschieden ist.

Zur Formästhetik in Rammsteins *Deutschland*

Rammsteins *Deutschland* ist als fulminantes Referenzspektakel ein Paradebeispiel popkultureller Ästhetik des 21. Jahrhunderts. Die ästhetische Komplexität ergibt sich einerseits aus der Mischung von aufwendigem Instrumentalarrangement, hochstilisiertem Bewegtbild, das vielmehr an einen Kurzfilm als an ein Musikvideo denken lässt, und (sprech-)gesanglicher Intensität; andererseits aus der intertextuellen und intermedialen Mixtur von historischen und mythologischen Bezügen, Science-Fiction-Futurismus, Fetisch und Image-Reproduktion (siehe ausführlicher die Kapitel „Zitate, Bezüge und Verweise“, „Race & Gender“, „Geschichte“ und „Pop-Ästhetik“). Diese „Überwältigungsästhetik“ ist bei Rammstein seit jeher Programm (Wicke 2019, S. 6). Sie erhält jedoch in Kombination mit dem inszenierten Meta-Narrativ zur deutschen Nation eine pikante, weil zwischen Setzung und Zersetzung schwankende politische Logik.

Ein fortschreitender Spannungsaufbau ist in Rammsteins *Deutschland* schwerlich zu finden. Es gibt zwar Kausalverknüpfungen, etwa die Abfolge von einer zunächst offensichtlich schwangeren Germania, die in der darauffolgenden Szene Hunde entbindet. Jedoch führt die Erzählung nirgendwo hin, endet also nicht in Erlösung oder Katastrophe, sondern lediglich und andeutungsweise mit der zeitlichen und räumlichen Expansion des Gewaltmotivs durch den Transport der im gläsernen Sarg liegenden Germania ins Weltall, was keine Veränderung, sondern eine Fortführung des immer Gleichen erwarten lässt. Zudem ist das Video immer wieder von Wiederholungsschleifen derselben oder leicht variierender Bildabfolgen der Zerstörung durchzogen, wodurch ein Handlungs- oder Spannungsaufbau zusätzlich verunmöglicht wird. Die hinzukommende Drastik der Szenen, die ein kollektives Verschlingen von Eingeweiden in Form von Sauerkraut und Würsten präsentieren, abgeschnittene Köpfe, stark blutende und explodierende Körper oder brennende Leichen zeigen sowie Eingesperrte schreiend und mit SM-Maskierung inmitten unzähliger Ratten positionieren, verstärkt einmal mehr den Eindruck katalogartiger Aneinanderreihung. Wenn es um den Fortgang einer Erzählung ginge, könnte man diese Szenen überspringen (vgl. Koschorke 2012, S. 29) – doch hat man nur sie und ist entsprechend auf sie angewiesen, um die reihenhafte Formästhetik der Hymne greifen zu können (vgl. Baßler 2019, S. 186).

Mit der Titelsequenz beginnt auch das Instrumentalcrescendo, begleitet von einem nun schnelleren szenischen Wechsel. Die Bandmitglieder treten zunächst in Astronautenmontur auf, dann schieben sie in einer Lagerhalle die Schwarze Germania im Rollstuhl, die nach wie vor einen auf die Varusschlacht der Anfangsszene verweisenden abgetrennten Kopf in Händen hält; daraufhin werden Rammstein in einen Untergrundboxkampf mit Schlagringen verwickelt. Anschließend sieht man sie auf einem mittelalterlichen Schlachtfeld in Rüstungen, dann wieder formiert und mit schwarzen Anzügen bekleidet vor einem explodierenden Zeppelin schreitend. Schon diese Anordnung von Szenen enttäuscht die etwaige Erwartung, mit *Deutschland* werde in chronologischer Reihenfolge sukzessive der Siegeszug einer Nation in Szene gesetzt. Vielmehr wird der Rezeption eine Vielzahl fragmentierter historischer Versatzstücke der deutschen Geschichte überantwortet: Die Science-Fiction-Ästhetik aus Astronautenkleidung, Raumschiff und rotem Laser verweist auf den Besuch einer Delegation aus der Zukunft, die sich der deutschen Geschichte archäologisch nähern wird. Geldwetten und illegaler Boxkampf sowie die Kleidung zwischen Arbeiterklasse und Event-Dekadenz verweisen auf die 1920er Jahre. Schwerter, goldene Kopfbedeckung und Rüstung der Germania sowie der ausgestreckte Arm mit Kreuz bedienen die Symbolik mittelalterlicher Kreuzzüge, während der Zeppelin, der anachronistisch bereits in dieser Szene sichtbar ist und in der nächsten dann brennend explodiert, für die militärische Stärke (und Schwäche) Deutschlands im Ersten Weltkrieg steht.

Dass es angesichts dieser ungeordneten Fülle an historischen Referenzen, die offensichtlich nicht als Lehrmaterial zur Vermittlung geschichtlichen Wissens dienen soll, wenig sinnvoll ist, *Deutschland* wie eine Geschichte mit Spannungsaufbau und sinntragenden Elementen zu lesen, demonstriert ungewollt der Beitrag von Katina Raschke und Jan Hurta in der Bamberger Anthologie *Deutsche Lieder* (vgl. Raschke und Hurta 2019). Nicht einer gewissen Komik entbehrt der dort unternommene Versuch, den Rollstuhl der Germania als Handicap der deutschen Nation zu lesen, die von ausländischen Mächten ‚gelenkt' und ‚gesteuert' wird und dabei brennende Leichen hinter sich lässt. Wenn die Autor:innen auf dieser Analyse aufbauend schlussfolgern, die Szene sei als Warnung an die Gegenwart vor manipulativen Einflüssen von außen zu verstehen, wird die symbolgeleitete Fehllektüre sichtbar. Diese übersieht, dass die kontraintuitive Montage den Symbolgehalt der einzelnen Elemente und erst recht einen aufklärerischen Appellwert des Songs unterläuft. Eine solche Lesart wird auch durch die Wiederholung und Rekontextualisierung der Sequenzen verhindert, die, wie etwa im Fall des Zeppelins, die Elemente anachronistisch durchmischen. Mehrdeutig wirkt dieses Formverfahren aus Fragmentierung und Montage zusätzlich durch die ungleich gelagerte Qualität von Kontextinformationen in den einzelnen Szenen, die unterschiedlich stark an das Weltwissen der Rezipient:innen appellieren (vgl. Bauer u. a. 2010, S. 33–34). Denn während die Varusschlacht, die Kreuzzüge sowie die politische Situation der *roaring twenties* zum etablierten Inventar des geschichtlichen Wissens gehören, lassen sich die Referenz auf und Kontext-Bedeutung von Raumschiff und gläsernem Sarg vor allem durch popkulturelles Wissen oder sogar nur durch Kenntnisse anderer Rammstein-Produktionen (*Sonne*) auflösen. Diese Popzitate lassen sich demnach noch weniger als Verweise auf die Wirklichkeit verstehen als die popästhetisch überladenen sekundären Geschichtsbezüge (siehe ausführlicher das Kapitel „Geschichte"); ihre Mixtur sorgt für eine Verunklarung der Bezugsfelder (vgl. Bauer u. a. 2010, S. 37–38), die die Fülle der Referenzen in Überfülle umkippen lässt.

Vor diesem Hintergrund könnte man meinen, *Deutschland* sei nur ein weiteres Beispiel für die von Rammstein erwartbare ironische Dekonstruktion nationaler Identität (vgl. Schiller 2020a, S. 268). Eine solche Deutung würde jedoch zu kurz greifen und die Relevanz des paratextuellen Verweisspiels eines Songs mit dem Titel *Deutschland,* die allgemeine Dehnbarkeit von erzählerischer Kausalität mit äquivalenten Mustern eines Meta-Narrativs und auch die Formebene der multimedialen Produktion übersehen: Denn was sich bei aller Ambiguität durchaus klar erkennbar und wie ein roter Faden durch alle Szenen zieht, ist zum einen die exzessive Gewalt, die durch martialische Ästhetik und eine Verbindung von Feuer und Funken potenziert wird, zum anderen die Rolle Germanias als Agitatorin (seltener auch als Opfer) der zerstörerischen Kräfte. Die Rollen der nationalen Figuration sowie die unterschiedlichen Ausprägungen der Lebens- und Kulturvernichtung bilden gleichwertige Strukturmuster aus, die ihrerseits eine wiedererkennbare Ordnung stiften: *Deutschland* ist fortlaufend identifizierbar durch die gewaltsame Interaktion, die sich sozusagen logisch aus ihm, zu seiner ‚Rettung' und ‚Verteidigung' oder aber mit expansionistischen Zielvorstellungen verbunden ergibt. Darin lässt sich eine sinnhafte Aussage erkennen, die aber vielmehr durch die Gleichwertigkeit der gewaltigen Bilder als durch Bezüge auf die Wirklichkeit aufgestellt wird.

Die Rezeption, die in der Aufschlüsselung von Bezügen zur historischen Wirklichkeit immer wieder an ihre Grenzen stößt, kann sich somit auf die internen Bezüge stützen, die Rammsteins Referenzspektakel ausbildet, und die ein Meta-Narrativ der Gewalt erkennen lassen. Dieser Eindruck bestätigt die wirkmächtige Beschreibung sprachlicher Ordnungsstrukturen des russischen Semiotikers Roman Jakobson. Sprache ist für Jakobson immer ein Zusammenspiel aus Selektionen, also aus Auswahlprozessen, die funktional gleichwertige (äquivalente) Elemente auf einer vertikalen Achse anordnen; diese Achse nennt er ‚Paradigma'. Sprache besteht nach Jakobson außerdem aus der Kombination dieser Elemente zu sinnhaften Sequenzen auf einer horizontalen Achse (vgl. Jakobson 1972, S. 126); diese Achse heißt ‚Syntagma'. In dem Satz „Klaus geht spazieren" könnte „Klaus" auch durch Beschreibungen wie „Er", „Der Junge" oder „Der Nachbar" ersetzt werden; der Satz würde immer dieselbe Situation beschreiben, die Bezeichnungen sind äquivalent und damit austauschbar. Die Handlung „geht spazieren" allerdings funktioniert nur in Kombination mit einem Subjekt, das sie vollzieht. Beide Aussageelemente liegen auf der Ebene des Syntagmas; erst zusammengenommen ergeben sie die sehr klare Aussage des Satzes. Wenn nun aber die Logik des Paradigmas, die Äquivalenz, auf diejenige des Syntagmas, die Kombination, übertragen wird, dann hat der entsprechende Text nach Jakobson eine primär poetische Funktion. Die poetische Funktion ist ein weiteres Merkmal sprachlicher Mehrdeutigkeit (vgl. Bauer u. a. 2010, S. 28–29), denn sie bringt eine Überfülle an eigentlich austauschbaren Elementen mit ein, die eine geordnete Verknüpfung zu klaren Aussagen verhindert.

In ihrer primär poetischen Funktion schillern die Sinnangebote in *Deutschland* zwischen Veruneindeutigung und Eindeutigkeit: Zwar werden in der intermedialen Bezugnahme von Sprache, Ton, Bewegtbild und Schrift permanent Sinngehalte freigelassen, aus ihren gewohnten Zusammenhängen herausgenommen und in neue gefügt; dadurch jedoch wird ein neues Paradigma des Nationalen als Gewaltexzess aufgebaut, das so etwas wie metanarrative Kohärenz erzeugt, ohne narrativ zu sein. Dieses Verfahren der Copia, der Fülle, bzw. ihres Kippens in Überfülle (vgl. Niehle 2018, S. 9–17), markiert unmittelbar die Funktionsregeln von Rammsteins Meta-Narrativ: Im Exzess der sekundären und popästhetisch überlagerten Bezüge transportiert es unzählige referenzielle Spuren in den Entwurf nationaler Identität hinein. Trotz semiotischer Übertreibung sind die (mythisch verklärten) historischen Ereignisse identifizierbar: die Varusschlacht, der Feldzug Barbarossas, die Bücherverbrennung, der sozialistische Bruderkuss, die Geiselnahmen der RAF – alles ebenso grausame wie zentrale Stationen der deutschen Geschichte. Statt jedoch die Nation als eindeutigen Orientierungsrahmen zu verankern, verwirrt die radikale Durchmischung der Bezüge die Orientierung: Die Verweise wirken austauschbar, sie meinen keine klare historische Position, sondern kreieren vielmehr ein ‚Image' Deutschlands (vgl. Grabbe 2013). Die Überfülle nivelliert damit auch den letzten stabilen Grund der Nation und installiert Verzweigungen auf der Textoberfläche, der keine eindeutige Aussage als Tiefenstruktur zugrunde liegt (vgl. Stöckmann 2013, S. 325). Dieser Ästhetik der Oberfläche ist – anders als in Verfahren des frühen Pop der 60er, 70er und 80er Jahre, des Pop I also (Diederichsen 1996; Diederichsen 1999), – keine subversive Aneignung eingeschrieben (vgl. Beregow 2018). Die Drastik der Darstellung folgt keinem gesellschaftskritischen Gestus. Statt Volksaufklärung geht es um die Gewalt selbst, um das explizite Zeigen dieser in der Rammstein-Logik einzig möglichen Kategorie der Integration nationaler Bindeglieder, die rezeptionsästhetisch eine „negative Lust" erzeugt (Melle 2014, S. 27).

Das Politische der Form in Rammsteins *Deutschland* ist in diesem Changieren zwischen fehlender Referenz und inneren Bezügen zu verorten, im Erzeugen einer steten Blockade der Eindeutigkeit, die dann auch eine eingeübte trennscharfe Abgrenzung von politischer und unpolitischer Lesart verhindert und ‚das Politische' gegen ‚die Politik' ins Feld führt.

Pop und das Politische der Mehrdeutigkeit

Der französische Theoretiker Claude Lefort sieht das Politische einer sozialen Gemeinschaft in ihrer Form. Genauer: In der Form, die sie sich selbst gibt, sowie im Formgebungsprozess, der ihrer Ordnung Konturen verleiht, diese aufbricht oder verschiebt und wieder neu einsetzt. Mit der Formgebung reagiere die moderne Gesellschaft auf den unwiederbringlichen Riss in ihrer Begründung, die sich mit und nach der revolutionären Absetzung des Monarchen ‚in Gottes Gnaden' nicht mehr auf eine transzendentale Legitimation berufen kann (Lefort 1999, S. 33–34). Moderne Gesellschaften haben nach Lefort einen konstitutiv „leeren Ort der Macht", der durch permanent prozessierende In-Form-Setzungen verdeckt bzw. besetzt werden muss, um den Zusammenhalt der Ordnung zumindest temporär zu gewährleisten (Lefort 1990, S. 284–285).

Der leere Ort der Macht ist eine sehr passende Metapher für das genuine Fehlen einer stabilen Tiefenstruktur, das dem modernen Republikanismus die Möglichkeit auf Letztbegründung verwehrt und permanente Neuaushandlungen der Einrichtung des Gemeinwesens notwendig macht. Diese Form des Politischen in der Moderne lässt sich als eine Verwebungsstruktur an der Oberfläche der Gesellschaft beschreiben, die nicht ohne Fundament ist, deren Fundament jedoch nur temporär bestehen kann. Politische und vor allem demokratische Ordnungen funktionieren nach dieser Beschreibung ohne festen Grund, aber nicht ohne Struktur. Sie sind zwar nicht letztgültig begründbar, gründen sich also nicht auf einer göttlichen Macht oder mythischen Tradition, prozessieren aber dennoch nicht im Vakuum, sondern auf der Grundlage geregelter Fundamente und historischer Traditionen, die ihrerseits nicht statisch, sondern sinnhaft besetz- und verschiebbar sind (vgl. Marchart 2016, S. 23).

Unterzieht man die Formanalyse von Rammsteins *Deutschland* einer politischen Relektüre, so ist zunächst und allgemein festzuhalten, dass hier eine Nationalhymne angeboten wird, die nationale Mythen und historische Stationen nationaler Gründung zitiert, sie jedoch aus ihrer chronologischen Ordnung löst, fragmentiert und komprimiert und in Montageverfahren verunklarend durchmischt. So werden feste Positionen kollektiver Sinnstiftung wiederholt eingesetzt, um sie dann wieder aufzubrechen. Das referenzielle Treiben baut auf epistemisch verankerten und geteilten Sinnbeständen auf und bedient sich großzügig am Archiv nationaler Identität, produziert aber in Exzess und Überfülle der Bezüge ein Leerlaufen von Referenz. Dieses Kippmoment aus Sinngenerierung und -destruktion installiert eine Ordnung der Ambiguität, die den Moment des Schillerns zwischen Formgebung und Aufbrechen der Form fixiert und in ständiger Reproduktion auf Dauer stellt. Dadurch zeigt sich das Politische der Form, zeigt sich die Nation als Form, die nicht ihre Konturen, sondern lediglich ihre Konturierung verstetigen kann.

Deutschland stellt dadurch eine intensive Feier des Grenzgangs vor, an dem Fülle stets in Überfülle umschlägt, und potenziert diesen Grenzgang mit drastischen Darstellungsstrategien. Kohärenz wird nicht linear-narrativ, sondern mittels wiederholter Gewaltszenen erzeugt; der rote Faden liegt im ästhetischen Überschuss. Unkontrolliertes Feuer, spritzendes Blut und Eingeweide fügen sich schwerlich in ein kollektivierendes Körperbild der Gemeinschaft, sondern präsentieren in der intensiven Versehrung vielmehr seine Zerstörung. Das Politische der Form zeigt sich hier in ihrer Deformierung, die verhindert, dass eine Formgebung zur selbstverständlichen Ausprägung sozialer Übereinkunft werden kann.

Anders als die Logik der Politik zielt die Logik des Politischen also auf die Sichtbarmachung der gesellschaftlichen Umbrüche. Das Politische betont nicht die nationale Einheit, sondern ihre Ruptur und legitimiert somit neue Aushandlungen über die Form, die das Soziale annehmen soll (vgl. Vogl 2003, S. 24–25). *Deutschland* produziert dazu wiederholt Details, die sich eben nicht linear und strukturbildend einfügen, sondern herausfallen. In ihrer Fülle sind sie wiedererkennbar und formen wieder neue Strukturen. Fragmentierung, Montage und katalogartige Aneinanderreihung von Archivalien aus dem Kollektivgedächtnis bilden Rammsteins Meta-Narrativ: das Paradigma nationaler Gewaltherrschaft. Diese

Konstruktion eines neuen Paradigmas als Formierung bzw. Reformierung aus der Deformierung offenbart die Künstlichkeit kollektiv verbindender Sinngehalte. Das Meta-Narrativ macht hier genau das, was es nicht soll, wenn es wirken will: Es reflektiert sich selbst und seine Machart und verwehrt sich dadurch einer vorreflexiven Bedeutung. Insofern Rammstein der harmonischen Unschärfe konventioneller Nationalmythen eine konfrontative Unschärfe der Mehrdeutigkeit entgegensetzen, stören sie die problemlose Identifikation mit dem Orientierungsrahmen ‚Deutschland'.

Vor der Folie einer Logik des Politischen lässt sich der Skandal um das Musikvideo noch einmal anders perspektivieren. Es geht nicht darum, der Rezeption zu unterstellen, sie habe die Ästhetisierungsmerkmale des kurzfilmartigen Arrangements übersehen – denn wie könnte man das? –, sondern um die weiterreichende Frage nach der Zulässigkeit von Mehrdeutigkeit beim nationalnarrativen Sprechen, die das Spektrum normalkommunikativer ‚Politik' verlässt, ohne rein ästhetisierende Sonderkommunikation zu sein. Das Politische der Form operiert damit genau auf der Linie des Oppositionspaars Eindeutigkeit/Mehrdeutigkeit und nutzt die Erwartungen nationaler Identifikation, um ihr die Einheit zu nehmen.

Musik

Als Rammstein 1995 ihr Debütalbum *Herzeleid* veröffentlichen, lösen sie eine Reihe heftiger Reaktionen von Empörung bis Euphorie aus. Ihr Industrial-Metal-Sound mit deutschen Texten ist neu, aufregend und provokativ. In ihrem Heimatland Deutschland führt das zu einer eigenartigen Situation: Rammsteins Alben werden als ungeeignet für Minderjährige indiziert, obwohl sie an der Spitze der Charts stehen. In den USA und Großbritannien ergeben sich weitaus weniger Kontroversen, was der Band zu unerwartetem Erfolg verhilft. Trotz – oder vielleicht gerade wegen – dieses unerwarteten Welterfolgs polarisiert die Band mit ihrer übertriebenen Darstellung des Deutschseins und der damit verbundenen faschistischen Ästhetik, die an die Nazizeit erinnert. Im Jahr 2001 schreibt die *Washington Post:* „With jackboot rhythms and plenty of Teutonic rage, the sextet […] marched out of Germany in 1993 and has been blitzkrieging

K. Wilhelms et al., *Rammsteins „Deutschland“*, Essays zur Gegenwartsästhetik, https://doi.org/10.1007/978-3-662-64766-0_4

charts around the globe“, und beschreibt die Konzertatmosphäre als „heavy with a smell of a Panzer division“ (Segal 2001). In Deutschland wird derweil Rammsteins extreme Ästhetik nicht besonders gut aufgenommen. *Die Welt* beklagt, dass die „Exotisierungsstrategie“ (vgl. Nye 2012; Reed 2007) der Band sogar funktionieren könnte: „Die amerikanische Lust am kriegerischen Teutonen ist hinreichend bekannt. Rammsteins größter Nachteil [...] ist gleichzeitig ihr größter Vorteil: Sie klingen unglaublich deutsch. Zu deutsch, wie viele meinen“ (*Die Welt* zitiert in Nieradzik 1998, S. 23). Diese Befürchtung wird wahr, denn es gelingt Rammstein, mit ihrem skandalösen Sound und den provokativ stereotypen Vorstellungen von Deutschland Kapital zu schlagen.

Wenn Rammstein ein Merkmal zugeschrieben werden kann, dann ist es Ambiguität (Mehrdeutigkeit). Lange Zeit weigern sie sich, ihre Texte zu erklären, aber dann tun sie es doch. Sie behaupten, unpolitisch zu sein, scheinen aber durchaus soziale und persönliche Absichten zu haben, wie noch zu erläutern sein wird. Dies ist womöglich auch auf ihre persönliche Erfahrung zurückzuführen. Aufgewachsen in einem sozialistischen Staat, der Deutschen Demokratischen Republik, mussten die Bandmitglieder den Schock der für sie neuen kapitalistischen westlichen Gesellschaft nach der Wiedervereinigung im Jahr 1990 überwinden. Darüber hinaus werden Rammstein allein durch die starken Medienreaktionen, die sie oft als politisch rechts darstellen, politisch.

Dieses Kapitel analysiert aus dem Blickwinkel des jungen Forschungsfeldes der ‚Art of Record Production‘ (Frith und Zagorski-Thomas 2014) die musikalisch-klangliche Ästhetik Rammsteins. Es zielt darauf ab, die politische Dimension des Rammstein-Sounds zu entschlüsseln, die untrennbar mit der Übertreibung stereotyper deutscher Attribute und den entsprechenden

Assoziationen verbunden ist. Die Analyse basiert auf Interviewaussagen von Bandmitgliedern, dem Höreindruck und diversen Videointerviews mit Rammsteins langjährigem Produzenten Jakob Hellner. Obwohl das unbetitelte Album aus dem Jahr 2019 das erste in Rammsteins Diskografie ist, das nicht von Hellner produziert wurde, kann aufgrund des Höreindrucks davon ausgegangen werden, dass sich die Arbeitsweise und Produktionsästhetik nicht fundamental geändert haben. Da keine Details zur Produktion des Albums und somit auch nicht über den Song *Deutschland* vorliegen und selbst wissenschaftliche Produktionsanalysen ohne Kenntnis der Produktionsvorgänge tendenziell spekulativ sind (Morey 2009), der Produktionsprozess bei Rammstein jedoch hochgradig systematisch und unverändert ist, kann und sollte der Rammstein Sound in *Deutschland* durch die allgemeine Analyse des bandtypischen Sounds erfasst werden.

Wie die Analyse nahelegt, zeigt die klangliche Handschrift Rammsteins eine komplexe Ästhetik, die verschiedene Interpretationen im In- und Ausland zulässt. Die klangliche Ambiguität dient dazu, Verwirrung zu stiften und zum Nachdenken anzuregen. Rammstein-Produktionen betonen zwar einige spezifische deutsche Stereotype in ihrem Sound, aber ihre Gesamtästhetik ist eher international, ja gar amerikanisch. Dieser sorgfältig ausgearbeitete Kompromiss zwischen Andersartigkeit und Konformität unterscheidet Rammstein von konventionelleren Rock- und Metal-Bands und macht sie seit mehr als zwei Jahrzehnten erfolgreich auf dem globalen Popmusikmarkt.

Rechtsextremistische Projektionen

Die meisten Interviews und Medienberichte über Rammstein befassen sich mit den politischen Ansichten der Band und Bezügen zur Vergangenheit ihres Landes. In einem dieser Interviews erklärt Gitarrist Paul Landers:

> Wenn man ganz ehrlich ist, wird man an „deutsch" erinnert. Deutsch und drittes Reich würde ich nicht immer in einem Atemzug nennen. Auch Goethe, Schiller, Mozart und Ernst Busch sind deutsch und die haben mit dem dritten Reich nichts zu tun. Dass der deutsche [sic!] denkt, dass Deutschsein immer drittes Reich heißt, da würde ich erstmal vehement gegen einschreiten wollen. […] OK, dann steck uns mal in die Schublade: Wir machen böse, deutsche Marschmusik. Da kann ich aber nichts gegen sagen. Wenn es dich daran erinnert, darf es das auch. Aber die Frage ist, wann ist denn Musik rechts ohne Texte? Kann eine Note rechts sein? Kann eine Note deutsch sein? Wie viel Deutsch [sic!] darf man sein? (Warschauer 2008)

Dieses Zitat wirft zwei Fragen auf. Erstens: Was ist die kleinste musikalische Einheit, die als politisch wahrgenommen werden kann? Auf rein struktureller Ebene kann eine einzelne Note nicht als politisch aufgefasst werden, es sei denn, ihr Klang lässt Interpretation zu. Der französische Sozialtheoretiker Jacques Attali (1985) erinnert uns an die politische Macht von Musik und Lärm, und der Kultursoziologe Dick Hebdige (1987) demonstriert die soziokulturelle Bedeutung jamaikanischer Sound Systems als Mittel des Widerstands gegen (post-)koloniale Unterdrücker:innen.

Die zweite Frage betrifft die Art und Weise, wie Musiker ihre deutsche Identität hervorheben dürfen.

Im Mittelpunkt der Kontroversen um Rammstein steht die Betonung der deutschen Identität in ihrer Musik, ihren Texten und Auftritten. Die Band begründet diese Betonung mit der Suche nach ihrer Identität, auch dreißig Jahre nach der Wiedervereinigung Deutschlands. Auf ihrem neuesten Album beleuchtet der Eröffnungstitel *Deutschland* diese Auseinandersetzung. Schlagzeuger Christoph Schneider erklärt die Motivation für den Song in einem *Metal Hammer*-Interview wie folgt:

> Für mich geht es in dem Song um das ambivalente emotionale Verhältnis zu diesem Land. Leute aus meiner Generation können das nachvollziehen. Erst waren es zwei Länder, plötzlich war eines weg. Es gab auch Zeiten, in denen ich das Wort „Deutschland" nicht über meine Lippen bekommen hätte. Es gab die BRD und die DDR, nicht Deutschland. Mittlerweile komme ich besser damit klar. Es ist ein Thema, das uns ewig schon beschäftigt. Deutsche Texte mit harter Musik – dafür stehen wir. Und jetzt haben wir geschafft, einen Song über Deutschland zu machen, das ist ein großer Schritt für die Band. (Zahn 2019, S. 20)

Dieses Identifikationsproblem ist nicht neu. Schon populäre Komponisten wie Richard Wagner behandeln die Frage der Nationalität in Schriften wie „Was ist Deutsch?" (1878 [1865]) und *Deutsche Kunst und deutsche Politik* (1868). Laut Theodor W. Adorno (1981) war es schließlich Wagners episches Musikdrama *Der Ring des Nibelungen* (1857), das den Deutschen ihre *eine* eigene Mythologie gab. Für Florian Heesch (2014, S. 127) ist dieses Drama bis heute das für Deutschland prägende Musikwerk schlechthin. Wagners Überlegungen zu einem vereinten Deutschland gipfeln in *Die Meistersinger von Nürnberg* (1867), das dem Volk zu einem kollektiven

Gedächtnis und Wahrzeichen ihrer Nation verhelfen sollte (vgl. McClatchie 2008, S. 134 und S. 137). Aufgrund dieses stark nationalen Images und der Popularität des Werkes adaptieren die Nationalsozialisten die *Meistersinger* in den Jahren vor dem Zweiten Weltkrieg und stellen sie in den Dienst ihrer eigenen Ideologie. 1933 bezeichnet Joseph Goebbels das Drama in einer Radiosendung als die Inkarnation der deutschen Identität (vgl. ebd., S. 134), und Hitler politisiert es weiter, indem er es ab 1935 als regelmäßigen Bestandteil der Nürnberger Parteikundgebungen fordert (vgl. Potter 2008, S. 241).

Wagners Auseinandersetzung mit der deutschen Identität und die Zweckentfremdung seiner Werke zeigen mehrere Parallelen zu Rammstein. Eine der Hauptmotivationen Rammsteins ist es erklärtermaßen, mit ihrer Musik zur Vergangenheitsbewältigung beizutragen. Im Laufe ihrer Karriere scheinen sich ihre politischen Intentionen verschoben zu haben. Mit ihrem provokativen Stil wollten sie ursprünglich Kritik am Westen üben, wie sie Landers zum Ausdruck bringt: „Die DDR hat man wahrscheinlich nicht so richtig gemocht, weil man darin gelebt hat. Mir ging es auch so. Ich habe dann die ganze glatte Oberfläche im Westen gesehen und dachte: ‚Die muss man zerstören'" (Wicke 2019, S. 87). Später verlagert sich ihr Schwerpunkt auf das vereinigte Deutschland und die Bewältigung der problematischen Vergangenheit. Landers erklärt: „Der Deutsche hat ein Identifikationsproblem bedingt durch die Verbrechen, die die Nazis begangen haben. Durch die ganze Hitler-Kacke. Dadurch gibt es aber auch keinen normalen Umgang mehr mit dem Leben davor und dem Leben danach" (ebd., S. 88), und Bassist Oliver Riedel ergänzt: „Die Leute müssen endlich lernen, dass deutsch sein und faschistisch sein zwei unterschiedliche Dinge sind. Wir setzen bei unseren Auftritten deutsche Symbole ein, haben aber keinerlei Verbindung zur Nazi- noch Neonazi-Ideologie, sind weder rechts noch links, wir sind auch keine Faschisten, wir lehnen das ab“ (Lüdeke 2016, S. 138). Landers zufolge versuchen Rammstein „einen natürlichen Umgang mit unserer Vergangenheit und einen vernünftigen Umgang mit diesem Land zu finden“ (Großer 2001, S. 27). Rammsteins Vorgehensweise besteht darin, ihr Deutschsein bis zur Provokation zu übertreiben (Kahnke 2013; Schiller 2020b). Die daraus resultierende Zweideutigkeit und Popularität sowie die populistischen Themen machen Rammstein anfällig für Zweckentfremdungen, so wie es mit Wagners populärem Werk geschehen ist, das sich die Nationalsozialist:innen für ihre rechte Propaganda aneigneten. Vor allem in Ostdeutschland haben sich rechte Gruppen Rammsteins Musik bemächtigt, was wesentlich zu dem von den Medien so oft berichteten rechten Bild beigetragen hat (vgl. Mühlmann 1999, S. 262–274).

Wenn es um politische Assoziationen in der populären Musik geht, ist Rammsteins Stil ein Sonderfall. Laut Robert Müller, dem damaligen Chefredakteur des Magazins *Metal Hammer,* werden politische Botschaften meist in Musikstilen präsentiert, die selbst nicht allzu kontrovers sind. Das ist bei der sogenannten Neuen Deutschen Härte anders, da „sie ihren ästhetischen Reiz aus deutschen Elementen im Sound zieht, ist sie automatisch nicht politisch korrekt“ (ebd., S. 264). Da der Sound deutsche Qualitäten (siehe folgende Analyse) hervorhebt, war er in der öffentlichen Wahrnehmung politisch unangemessen. Die verschiedenen Konnotationen zur deutschen Vergangenheit, die sich an stereotypen deutschen musikalischen Merkmalen festmachen, die neben dem Text selten definiert werden, wie etwa markant gerollte Rs, ‚Sprechstimme‘-Artikulation und starre Rhythmen, stehen im Zentrum der Kontroversen um Rammstein.

Der Rammstein-Sound

Der sozialistischen Einstellung der Bandmitglieder entsprechend ist jeder Rammstein-Song eine Gemeinschaftsleistung (Schürer und Zahn 2004, S. 13). Wie die Band in mehreren Interviews erklärt, komponieren alle Instrumentalisten und nehmen Songideen auf, die gemeinsam weiterentwickelt werden. Das Gitarrenriff ist das Zentrum des kreativen Prozesses, und die Texte werden auf die fertige Musik geschrieben (Lüdeke 2016, S. 37). Die darauffolgende Vorproduktionsphase dauert in der Regel ein bis zwei Jahre (agenttudud27 2017). Unter der Leitung ihres Produzenten probt die Band die Performances im Proberaum und verbessert das Arrangement (Segundo o. J.). Laut Produzent Jacob Hellner ist dies die wichtigste Phase in der Entstehung eines Rammstein-Albums (ebd.). Im Gegensatz zu vielen anderen Künstler:innen haben Rammstein die Songs bereits arrangiert und die Performances geprobt, wenn sie das Studio aufsuchen (Zahn 2009, S. 29–30). Alle elektronischen Elemente sind fertiggestellt, und es müssen nur noch die ‚Guide Tracks' durch die realen Aufnahmen ersetzt werden. Auf diese Weise hat die Band bereits eine klare Vorstellung davon, wie das Album klingen wird, bevor die Arbeit im Studio beginnt (Schürer und Zahn 2004, S. 13). In dieser Hinsicht ist Rammsteins Produktionsansatz viel traditionsbewusster, als man es erwarten würde; in vielen modernen Rock- und Metalproduktionen entsteht die ästhetische Vision erst im eigentlichen Produktionsprozess, und die Audiobearbeitung nimmt einen größeren Stellenwert gegenüber der Audioaufnahme ein.

Das Schlagzeug ist das Instrument im Metal, das am meisten in Richtung Hyperrealität bearbeitet wird. Hierbei werden die aufgenommenen akustischen Klänge durch vorbearbeitete und klanglich optimierte Aufnahmen (‚Samples'), meist von anderen Schlagzeugen, verstärkt oder ersetzt, wodurch das Schlagzeug klarer, kraftvoller, direkter und fetter klingt als in der Realität (Mynett 2017, S. 177–191). In einer videoaufgezeichneten Masterclass erklärt Hellner den Aufnahme- und Produktionsprozess des Songs *Ich Tu Dir Weh* (2009) (agenttud27 2017). Seine Erläuterungen zeigen einen akribischen, aber überraschend traditionellen Produktionsansatz. Das Schlagzeug wird eingefangen von einem Overhead-Mikrofon-Setup, unterstützt von vier Stereo-Raumspuren in unterschiedlichen Abständen vom Drumkit. Kick- und Snare-Drum werden mit jeweils vier Mikrofonen aufgenommen und dupliziert, um sie parallel zu bearbeiten, was einen natürlicheren Klang ermöglicht. Die vier Spuren für die Toms werden in Pausen nicht stummgeschaltet, sodass der Rest des Schlagzeugs wie die Becken und der Gesamtklang im Aufnahmeraum ebenfalls eingefangen wird. Dies macht den Sound natürlicher, entspricht aber nicht den Konventionen im Metal. Der Haupt-Schlagzeugklang kommt von den Overheads; ein ganz klassisches tontechnisches Vorgehen. Das Schlagzeug ist nicht so sehr in die Breite gezogen, wie es im Metal üblich ist (Mynett 2017, S. 202–208), und daher definiert es nicht die Stereobreite der Band im virtuellen Klangbild. In ähnlicher Weise führt die Dominanz von Overhead- und Raumspuren gegenüber den nahmikrofonierten Schlagzeuginstrumenten zu einem weniger direkten Sound als bei den meisten zeitgenössischen Metal-Produktionen.

Hellner ersetzt Schlagzeuginstrumente nicht durch externe Samples, sondern verstärkt bestimmte Schläge mit eigens aufgenommenen (‚gesampelten') Klängen des Original-Schlagzeugs. Die Samples werden in verschiedenen Lautstärken aufgenommen und von der linken und rechten Hand gespielt, um die Kraft beider Hände und die Stelle, an der die Felle angeschlagen werden, zu erfassen. Dieser für Metal-Produktionen ungewöhnlich hohe Grad an Klangdetails ist von Hellner beabsichtigt, da er das Schlagzeug weniger ‚mechanisch' oder ‚maschinenhaft' klingen lässt. Um den mechanischen Eindruck noch weiter zu reduzieren, verstärkt er die Trommeln nicht in spärlich arrangierten Formteilen mit vielen Ghost-Notes (leise gespielte Töne in Ergänzung zu den akzentuierten Tönen), sondern nur in dichten Formteilen wie dem Refrain. Der Grund dafür ist, dass die Trommeln dort Unterstützung brauchen, um sich gegen die Gitarrenwand durchzusetzen, die einen Großteil der verfügbaren Frequenzen einnehmen.

Dieses traditionsbewusste Aufnahmeverfahren und Hellners Sorge um natürliche, nicht-mechanische Schlagzeugklänge verwundert, sind es doch die starren rhythmischen Qualitäten, welche für Rammsteins ‚deutsche Ästhetik' so wichtig sind. Abb. 1 zeigt einen Screenshot der originalen Kick- und Snare-Drum des Songs *Waidmanns Heil* (2009), die einem Remix-Pack entnommen sind. Wie zu sehen ist, sind die beiden

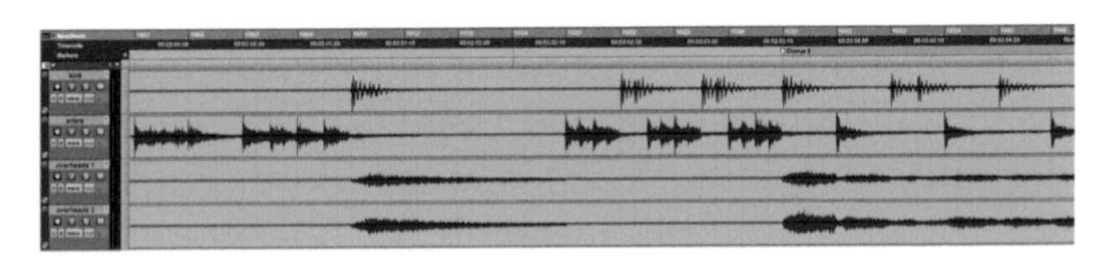

Abb. 1 Starr auf ein 16tel-Notenraster quantisiertes Schlagzeug in *Waidmanns Heil*

Instrumente rhythmisch starr auf ein Sechzehntelnotenraster optimiert (‚quantisiert') – in der Abbildung daran zu erkennen, dass die Töne genau auf den vertikalen Linien liegen. Dadurch entsteht eine Mehrdeutigkeit, die charakteristisch für Rammstein ist: ein sehr natürliches und eher traditionell klingendes Schlagzeug, das so starr zum Raster gespielt wird wie ein Drumcomputer. Die steife, technisch optimierte Spielweise entspricht den jahrhundertealten rhythmischen Stereotypen deutscher Musik (Herbst 2020a).

Dieses steife Rhythmusgefühl wird international als „hard-hitting marching rhythms" und „classically Teutonic" (Myers 2001, S. 40) wahrgenommen. Hellner verneint die gängige Ansicht, dass diese rhythmische Präzision in der Produktion erzeugt wird, und behauptet, die Band spiele einfach sehr präzise (Musotalk 2010). Während diese Behauptung mit der von westdeutschen Metal-Produzenten geschaffenen Mythologie übereinstimmt (Herbst 2019; Herbst und Bauerfeind 2021), legt die vorherige Analyse der Schlagzeugrhythmen eine hyperpräzise Performance durch technisches Eingreifen nahe. In diesem Zusammenhang ist es interessant zu beobachten, wie die Gitarren und das Schlagzeug zusammenspielen. Laut Produzent Karl Bauerfeind ist die westdeutsche Metal-Band Gamma Ray eine der am wenigsten ‚teutonisch' klingenden Bands, da die Gitarren rhythmisch leicht vor dem Schlagzeug gespielt werden und so das Gefühl eines entspannteren Schlagzeugs erzeugen (Herbst und Bauerfeind 2021). Rammstein Gitarrist Richard Kruspe erklärt, dass die Wahrnehmung von Rammsteins charakteristischem Rhythmus der Interaktion beider Instrumente bedarf. Demnach spielt nicht das Schlagzeug leicht verzögert hinter den Gitarren, sondern die Gitarren sind nach hinten verschoben. Wie er anmerkt, ist das Schlagzeug komplett auf das Raster quantisiert, sodass das rhythmische Verhältnis zum Schlagzeug es dem Rest der Band ermöglicht, sowohl das Gesamtgefühl wie auch die Wahrnehmung des Schlagzeugs zu kontrollieren (Sharma 2018). Die Besonderheit, dass die Gitarren zeitlich leicht hinter dem Schlagzeug phrasiert sind, betont die Steifheit des Schlagzeugs und trägt zu Rammsteins charakteristischem ‚deutschen' Rhythmus bei.

Wie bei allem, was Rammstein betrifft, gibt es einen Sinn für Zweideutigkeit und Kontrast, so auch in der Rhythmik. Aufschlussreich sind die (scheinbar) rhythmischen Kontraste zwischen den Songs eines Albums – so auch auf dem unbetitelten Album von 2019. In *Ausländer* (2019) werden alle vier Takte nicht nur von allen Schlaginstrumenten, sondern von der gesamten Band betont, was einen spöttischen Eindruck des stereotypen deutschen (steifen) Rhythmusgefühls hinterlässt. Auf diesen Song folgt auf dem Album *Sex* (2019), das mit einem entspannten Shuffle-Groove gespielt wird (Abb. 2).

Für lange Zeit war der Shuffle-Rhythmus nicht Teil der deutschen Musik, weil unter anderem Blues und Jazz im Dritten Reich verboten waren (Herbst 2021a). Ein Shuffle- oder Swing-Groove ist daher für manche Deutsche bis heute nicht sehr natürlich. In Übereinstimmung mit diesem kulturellen Stereotyp fehlt Rammsteins Darbietung dieses Shuffle-Rhythmus in *Sex* jeglicher Groove. Die in einer Musikproduktionssoftware extrahierte Groove-Vorlage, das auf eine

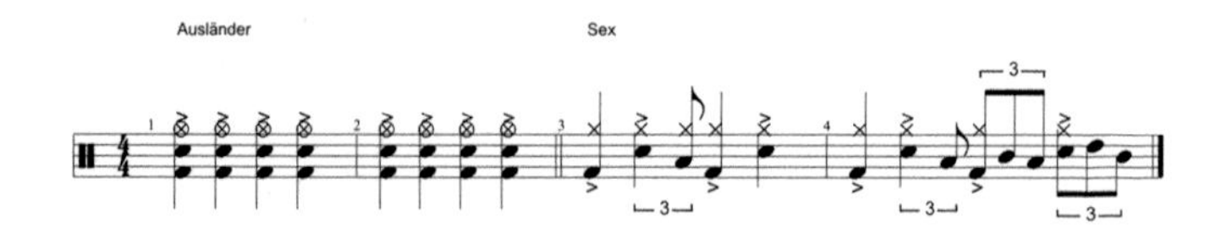

Abb. 2 Notation des Schlagzeitbeats in Rammsteins (2019) *Ausländer* und *Sex*

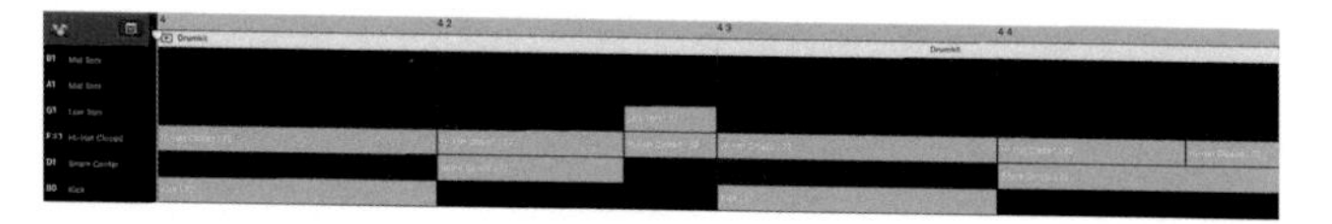

Abb. 3 MIDI-Ansicht der Groove-Vorlage des Schlagzeugs von Rammsteins (2019) *Sex*, erstellt aus dem Originalsong. Alle Noten beginnen genau auf dem rhythmischen Raster

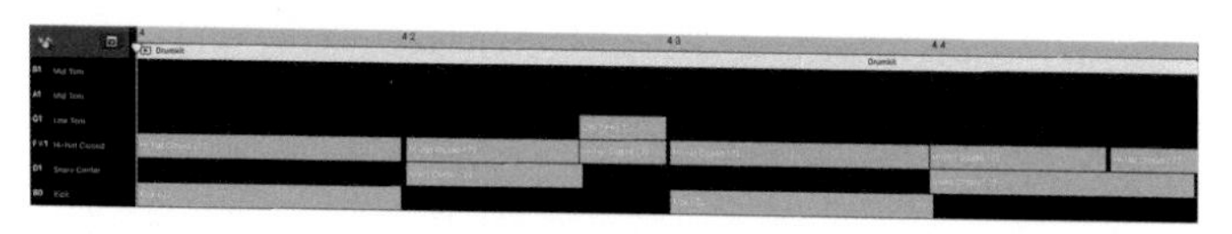

Abb. 4 MIDI-Ansicht der Groove-Vorlage, die aus dem Originalsong des Schlagzeugs des Songs *Lion* (2013) der amerikanischen Rockband Monster Truck erstellt wurde. Nur auf dem ersten Schlag sind die Noten ‚im Takt'; alle anderen Noten befinden sich nicht auf dem rhythmischen Raster

programmierte Version des Schlagzeugparts angewendet wurde (Abb. 3), zeigt, dass das ‚Gefühl' fehlt, das sich aus mikrorhythmischen Variationen ergibt, die einen Groove erzeugen würden, wie dies beispielsweise beim Song „Lion" (2013) der US-amerikanischen Rockband Monster Truck der Fall ist (Abb. 4).

Rammsteins Shuffle-Rhythmus in *Sex* (2019) ist daher eine Parodie auf einen entspannten Groove, assoziiert mit afro-amerikanischen Musiktraditionen, und unterscheidet sich nur oberflächlich von dem offenkundig ‚deutschen' Beat in *Ausländer*, dem vorherigen Stück auf dem Album. Dies ist nur ein Beispiel für die Meta-Referenzen und Kontraste in Rammsteins Oeuvre, zusätzlich zu den Kontrasten und Mehrdeutigkeiten innerhalb der Songs.

Die Gitarren sind ein ikonisches klangliches Element von Rammstein (Wicke 2019, S. 62). Sie bilden die mächtige Klangwand in den Refrains, die viele

Künstler:innen und Produzent:innen zu kopieren versucht haben. Die meisten Rammstein-Songs bestehen aus vier Hauptrhythmusgitarren, zwei von jedem Gitarristen, was seit den 2000er-Jahren Standard in der Metal-Musikproduktion ist (Herbst 2017). Kruspe spielt einen analogen Mesa Boogie Rectifier-Röhrenverstärker, während Landers einen digitalen Tech 21 SansAmp bevorzugt. Für das selbstbetitelte Album aus dem Jahr 2019 wird das Signal jedes Gitarristen über beide Verstärker aufgenommen, insgesamt acht Hauptrhythmusgitarrenspuren. Laut Hellner ist diese Mischung von Verstärkern und die Art und Weise, wie sie im Stereofeld platziert sind, das Geheimnis von Rammsteins Gitarrensound. Der analoge Schaltkreis des Rectifiers reagiert langsamer als der digitale SansAmp, der im Mix eine niedrigere Frequenz abdeckt. Normalerweise sind die Bassfrequenzen langsamer als die höheren Frequenzen, aber diese einzigartige Kombination von Verstärkungstechnologie lässt das gesamte Spektrum gleichzeitig klingen und erhöht so die Wucht der Gitarrenwand. Dieser spektral homogene Eindruck wird strukturell durch die meist unisono gespielten Riffs unterstützt. Darüber hinaus betont diese Verstärkerwahl und das Arrangement stärker die rhythmischen als die spektralen Qualitäten der Gitarrenarbeit, was für den stereotypisch deutschen Eindruck wichtig ist.

Das zweite Geheimnis von Rammsteins Gitarrensound, so Hellner, ist das Arrangement, da hier die Kraft entsteht (Segundo o. J.). Die Form der meisten Rammstein-Songs folgt konventionellen Strophen-, Refrain- und Bridge-Strukturen (Burns 2008, S. 460), wobei jedoch die Instrumentierung erwähnenswert ist. Wie Landers in einem Interview erklärt, sind die meisten Verse ruhig bis langweilig. Dies geschieht nicht nur, um die Verständlichkeit des Textes zu erhöhen, sondern in erster Linie, um eine emotional intensivere Klangwand im Refrain zu schaffen (Müller 2002, S. 29). Dieser sektionale Kontrast ist höher als in Arrangements vieler anderer Metal-Bands. Verstärkt wird die Wirkung dadurch, dass in vielen Songs der Gesang und die Instrumente, mit Ausnahme der Keyboards, den gleichen Rhythmus betonen (Elflein 2016, S. 105), was ebenfalls zum militaristischen Eindruck Rammsteins beiträgt (Reed 2007).

Unter Musiker:innen gibt es allgemein akzeptierte ‚britische' und ‚amerikanische' Gitarrensounds (Herbst 2020b). Rammsteins Signatur basiert auf dem Mesa Boogie Dual Rectifier, einem der am amerikanischsten klingenden Verstärker. Dies ist insofern bemerkenswert, als dass die meisten Metal-Bands aus Westdeutschland bereitwillig eine Förderung des deutschen Herstellers Engl akzeptierten und damit in den 1990ern einen unverwechselbaren *deutschen* Gitarrensound schufen (Herbst 2021). Rammstein entschieden sich gegen diese ‚deutsche' Ästhetik.

In vielen Rammstein-Songs dient der Bass lediglich als Stütze für die Gitarren. Rammstein verwenden oft nur eine direkt ins Mischpult eingespielte Bass-Spur (DI-Spur) mit einer Verstärker-Simulation oder sogar nur mit einfacher Bearbeitung, um den Klang zu formen (agenttud27 2017). Während viele Metal-Produktionen der DI-Spur einen Verstärker-Sound hinzufügen oder die mittleren und höheren Frequenzen für den Charakter verzerren (Mynett 2017, S. 143–153), ist dies bei Rammstein selten der Fall. Nur in den sparsam arrangierten Formteilen wie Strophen und Zwischenspielen erhält der Bass einen eigenen Charakter, aber insgesamt gibt es keine kulturellen Bezüge, die zum Beispiel Rückschlüsse auf eine ‚deutsche' Klangsignatur zulassen würde.

Von Rammsteins musikalischen Merkmalen hat der Gesang die meiste Aufmerksamkeit erhalten, weil er die am klarsten stereotype und damit umstrittenste (vermeintlich) deutsche Eigenschaft ist. Über Till Lindemanns maskulines, resonantes Bassregister, sein gerolltes R, die kurzen Sätze mit Kehllauten und seine Verwendung der halb gesprochenen Sprechstimme, die an Wagner Opern erinnert (Burns 2008; Kahnke 2013), ist viel geschrieben worden. Der Sprechstimme-Stil verlangt von Vokalist:innen beim Singen einen vorgegebenen Rhythmus und es muss einer Tonhöhe gefolgt werden. Der Stil lässt ihnen aber die Freiheit, die Tonhöhe während der gesprochenen Passagen zu ändern (Burns 2008, S. 463). Dieser Gesangsstil hat zwei Auswirkungen auf Rammsteins Musik. Erstens wirkt sich laut einer Interview-Aussage von Sänger Lindemann der hohe Grad an Rhythmizität auf die Gitarrenarbeit aus, indem er sie „marschierend" macht (Zahn 2013, S. 22–23). Zweitens ist Rammsteins Umgang mit der Tonhöhe ungewöhnlich im Metal-Genre. Hellner zufolge kann Lindemann, obwohl er ein großartiger Sänger sei, nicht wirklich singen, was ihn aber einzigartig mache (agenttud27 2017). Wie er weiter ausführt, hat Lindemann aufgrund des Fehlens jeglicher formalen Ausbildung seinen eigenen Sinn für Melodie und singt Noten, die in der westlichen Musik nicht „existieren" (ebd.), was ein wesentlicher Teil seiner einzigartigen Persönlichkeit und des Rammstein-Sounds sei. Die Analyse von Lindemanns Gesang in *Waidmanns Heil* mit der Software Celemony Melodyne bestätigt, dass Lindemanns Stimme weder in gesprochener noch gesungener Artikulation auf definierte Tonhöhen gestimmt ist. Nicht einmal einzelne Noten scheinen korrigiert worden zu sein (Abb. 5), was daran zu erkennen ist, dass die dargestellten Töne nicht genau auf den Linien der Klaviatur liegen.

Ähnlich wie bei den traditionellen Aufnahmemethoden für Schlagzeug und Gitarre wird der Vokalklang an der Quelle erzeugt. Gewöhnlich werden mehr als dreißig

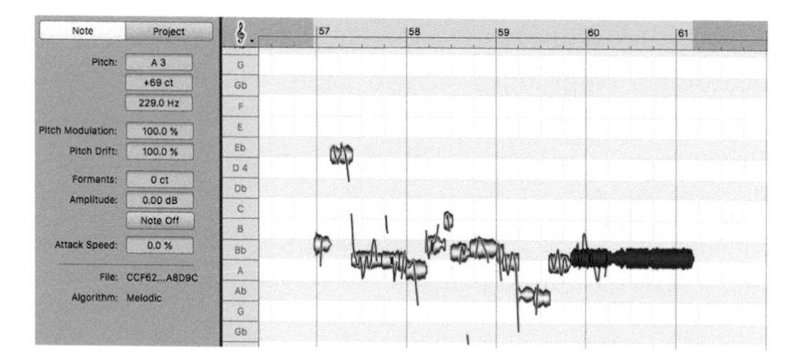

Abb. 5 Gesang im gesungenen Pre-Chorus von *Waidmanns Heil*

Takes von kurzen Gesangsphrasen aufgenommen, um die Bearbeitung auf ein Minimum zu beschränken. Wie die Musikwissenschaftlerin Naomi Cummings (2000, S. 21–22) anmerkt, können Tontechniker:innen durch ein gezieltes Bearbeiten von Lautstärken und Klangqualitäten die musikalische Identität eines Singenden verändern. Der gewählte Produktionsansatz überzeichnet Lindemanns übertriebenen ‚deutschen' Gesangsstil mit technischen Mitteln noch weiter. Der relativ leise und tiefe Gesang in Verbindung mit dem Nahbesprechungseffekt des Mikrofons unterstützt das Crooning, das den Gesang näher an die Hörenden rückt und einen bedrohlichen Eindruck erzeugt. Verstärkt wird dieser Effekt durch Rufe oder Flüstern, die mit wenig Hall hart links und rechts im Stereobild angeordnet sind, wie zum Beispiel im Song *Mein Teil* (2004). Diese Bearbeitung bewirkt, dass der Sänger in den persönlichen bis intimen Hörraum der Zuhörenden eindringt (Moore 2012, S. 184–188). Die ungewöhnlich schnelle Reaktionszeit des verwendeten Rundfunk-Kompressors verstärkt dieses Eindringen in den Hörraum und betont gleichzeitig deutsche Sprachmerkmale durch Mundgeräusche, Atem, harte Konsonanten und die deutschen Kehllaute. Während dieser

Klang von deutschen Muttersprachler:innen bereits als bedrohlich empfunden werden kann, wird der Effekt für Nicht-Muttersprachler:innen verstärkt. Wie eine britische Rezension nahelegt, „Till Lindemann's authoritative Teutonic bark […] remains both cold and dripping with menace" (Ruskell 2019). Rammstein spielen bewusst mit dieser Assoziation, so Landers:

> Wir haben Glück, dass Deutsch so eine coole Sprache für böse Musik ist. Wenn ich Engländer oder Belgier wäre, würde ich bestimmt Deutsch singen. Bei böser, harter Musik geht nichts über die deutsche Sprache. Englisch hat zu viel Soul, das klingt viel zu nett. Da können die ruhig einen Verzerrer einschalten oder rumbrüllen ... Das führt zu dem Problem, das vor allen Dingen Engländer mit uns haben. Wenn die Leute dort deutsche Texte hören, stehen sie gleich stramm und denken, dass Bomben auf sie geschmissen werden. Wir mussten erst einmal erklären, dass wir keinen Krieg anfangen wollen, sondern lediglich Deutsch [sic!] singen. Die Engländer assoziieren mit den Deutschen nach wie vor die Bomben, die im Zweiten Weltkrieg auf London niedergingen […]. Rammstein versuchen, das Negativ-Image der Deutschen in der Welt ins Positive umzuwandeln. Der Reichstag hatte auch ein negatives Image. Seitdem Christo ihn verhüllte, denkst du anders darüber […]. Auf ähnliche Weise versuchen wir mitzuteilen, dass Deutsch-Sein auch was Gutes bedeuten kann. (Landers zitiert nach Zahn 2002, S. 65)

Rammstein übertreiben provokant ihr Deutschsein mit der Absicht, die negativen Assoziationen, die Deutsche und Nichtdeutsche mit diesem Land haben, beizulegen. Dies ist eines ihrer politischen Motive, künstlerisch umgesetzt in ihrer Produktionsästhetik. Rammstein in ihrer Andersartigkeit exotisieren sich bewusst, was selbst ein amerikanisches Publikum in ihren Bann zieht (vgl.

Nye 2012; Reed 2007). Aus kommerzieller Sicht ist es bemerkenswert, dass Rammsteins Alben mit dem meist verstimmten Gesang weltweit Chart-Erfolge feiern. Dies beweist, dass es Rammstein gelungen ist, eine originelle Vokalästhetik zu etablieren, die zwar nicht internationalen Pop-Produktionsstandards folgt, aber dennoch in einen internationalen Sound von höchster Qualität integriert ist.

Kommerzielle Motivation des Rammstein-Sounds

Der Hauptgrund für Rammsteins Erfolg und die Kontroversen um die Band liegt in ihrer übertriebenen Darstellung von Stereotypen des Deutschseins. Wie die Analyse gezeigt hat, resultiert Rammsteins Motivation für diesen stereotypen Eindruck aus ihrem Ziel, den Deutschen und der Welt dabei zu helfen, entspannter mit der deutschen Identität umzugehen und Deutschland nicht nur auf seine dunkle Vergangenheit zu beschränken. Rammsteins Werk ist unweigerlich von ihrer eigenen Biografie beeinflusst, insbesondere durch die verlorengegangene Identität nach der Wiedervereinigung Deutschlands. Obwohl ihre spektakulären Live-Performances und Videos für Rammstein ein wichtiges Instrument sind, um ihre Ziele zu erreichen, ist ihre Klangästhetik oft übersehen worden. Die Germanistin Patricia Anne Simpson (2013, S. 14) kommt zu dem Schluss, dass es für Rammstein eine Herausforderung ist, ihre deutsche Nationalität zu betonen und gleichzeitig ihre internationale Anziehungskraft zu bewahren.

Die Analyse der Produktionsästhetik hat deutlich gemacht, dass Rammsteins Musik eine sorgfältig ausgearbeitete Mischung aus verschiedenen kulturellen

Elementen ist, die sich im Sound erkennbar machen. Es gibt unverkennbare deutsche Merkmale wie Sprache und stimmliche Artikulation, die durch bewusste Produktionstechniken effektiver gestaltet werden. Der steife deutsch anmutende Rhythmus ist ein weiteres offensichtliches Erkennungsmerkmal, und die Analyse hat gezeigt, wie sorgfältig dieser Eindruck durch die Betonung des künstlichen Rhythmus unter Beibehaltung eines möglichst natürlichen Klangs erzeugt wird. Ein Schlagzeug-Sound, der rhythmisch mechanisch und klanglich eindimensional näher an einem Drumcomputer läge, hätte zwar der deutschen elektronischen Tradition von Kraftwerk und Techno entsprochen, wäre aber vielleicht zu extrem gewesen, um ein breiteres Publikum anzusprechen.

Wie der Historiker und Politikwissenschaftler David Robinson (2013, S. 38) in Bezug auf Rammsteins politische Position argumentiert hat, kann ihr Werk in vielerlei Hinsicht in einem metamodernen Sinne verstanden werden. Die Band indes begründet die Weigerung, ihre Kunst zu erklären, damit, dass sie beabsichtige, sie für Interpretationen offen zu lassen. Rammsteins Reiz beruht auf dieser Ambiguität. Dem Journalisten Dave Everley (2001, S. 44–45) zufolge sind Rammstein gleichzeitig die denkbar deutscheste und die am wenigsten deutsche Band; ein fremdes Konzept in einer Welt, die alles ablehnt, was sie nicht kennt. Rammstein finden in ihrem Sound eine Balance zwischen Konformität und einzigartiger Andersartigkeit, was sie von konventionelleren Rock- und Metal-Bands unterscheidet. Sie spielen mit allzu gängigen deutschen Stereotypen – insbesondere auch in *Deutschland* –, verweben sie aber behutsam zu einem internationalen Sound von höchster Qualität, um den sie von vielen beneidet werden. Das allein hätte ihnen wahrscheinlich schon Chart-Erfolge in der Rock- und

Metal-Welt beschert. Aber es ist dieses ausgesprochen ‚exotische' Element, das sie zu einem Hauptakteur in den allgemeinen Charts macht. Die Tatsache, dass sich Provokation verkauft, ist kaum neu, aber sie erfordert gutes handwerkliches Können. Das ist bei Rammstein eindeutig gegeben; die Bandmitglieder sind hervorragende Musiker, die Arrangements erweisen sich bei genauerem Hinhören als äußerst detailreich, und die Produktionsqualität ist weltweit führend. Trotz der klaren deutsch anmutenden Merkmale achten Rammstein besonders darauf, den deutschen Klang nicht vollständig dominieren zu lassen. Rammstein haben, abgesehen von den wenigen sorgfältig ausgewählten ‚exotischen' Elementen, einen internationalen, wenn nicht gar amerikanischen Sound. Betrachtet man die schwierige Situation der deutschen Musikindustrie in den 1990er-Jahren und Rammsteins kommerzielle Motive zur Zeit der Bandgründung 1994 (Großer 2001, S. 26), kann man eine klare, gut funktionierende Marketingstrategie erkennen. Rammstein sind die international erfolgreichsten deutschen Künstler geworden und halten diesen Status seit über zwei Jahrzehnten, wie das unbetitelte Album aus dem Jahr 2019 und die Single *Deutschland* einmal mehr deutlich machen.

Inwiefern Rammstein tatsächlich das Politische bedienen, bleibt ein Stück weit offen. Einerseits haben die Bandmitglieder regelmäßig auf die persönlichen Probleme mit der Wiedervereinigung und mit dem deutschen Image auf internationaler Ebene verwiesen, welche sie angeblich durch die Musik ver- und bearbeiten. Andererseits ist zumindest auf musikalischer Ebene festzustellen, dass der sorgsam inszenierte ‚deutsche' Klangeindruck zwar vorhanden, aber so geschickt ausbalanciert ist, dass er sich international von anderen Bands abhebt (Stichwort ‚Verkaufsargument'), aber gleichzeitig westliche Produktionsstandards der populären Musik erfüllt, um nicht anzuecken. Kommerzielle Bestrebungen scheinen Vorrang vor dem Politischen zu haben.

Geschichte

„Versplatterter Märchenwald auf Parteitagsgelände, Deutschland-Disney über alles und allen", schreibt Andreas Maier (2019) in einem Zeitungsbeitrag, der das Phänomen Rammstein zwischen globalem Pop und deutscher Politik situiert. Die Zeichen und Symbole, die Bildsprache und Ikonografie, die Rammstein verwenden, führen zumeist umweglos in die verheerenden politischen Untiefen der deutschen Vergangenheit, zu Gewalt, Vernichtung und Größenwahn (Parteitagsgelände). Dieser politische Abgrund wird im Rahmen der deutschen Literatur- und Kulturgeschichte zur Sprache gebracht (Märchenwald) und schließlich nonchalant mit dem Zeichenrepertoire der globalen Populärkultur vermengt (Disney).

Rammstein arbeiten sich an der Vergangenheit ab. Seit jeher geht es bei der Band um Deutschland, deutsche Geschichte, immer auch deutsche Literaturgeschichte (Grimms Märchen, Goethe, Brecht) und überhaupt den

K. Wilhelms et al., *Rammsteins „Deutschland"*, Essays zur Gegenwartsästhetik,
https://doi.org/10.1007/978-3-662-64766-0_5

„Sound of Germany“ (Wilhelms 2012). Mit *Deutschland* treiben Rammstein die Auseinandersetzung mit deutscher Geschichte auf die Spitze.

Flache Vergangenheit

Im Video unternehmen die Bandmitglieder eine Zeitreise durch die deutsche Geschichte, angefangen mit den römischen Feldzügen in Germanien: Man sieht Rammstein als „Römer“, „Ritter“, „Mönche“, „NS-Offiziere“, „KZ-Häftlinge“, „DDR-Funktionäre“, „RAF-Terroristen“. Das Geschichtstableau, das dabei entsteht, erweckt den Eindruck einer ‚flachen Vergangenheit‘. ‚Flach‘, weil das Vergangene auf einer Fläche angeordnet wird, auf der historisch gesehen „alles je gleich weit“ (Groebner 2008, S. 136) voneinander und von der Gegenwart entfernt ist, unterschiedslos, Römer genauso wie Ritter. Die flache Vergangenheit muss man sich wie ein Playmobil-Piratenschiff vorstellen, das wie das *Deutschland*-Video gleichzeitig mit Römern, Rittern, Astronauten und im Kinderzimmer meistens Piraten und Cowboys – statt der nationalsozialistischen Soldaten und RAF-Terroristen aus dem Video – besetzt ist.

Anders als bei der klassischen Vergangenheit, die man sich als zeitlich geordnetes Nacheinander von Ereignissen denken kann, deren historischer Abstand zueinander durch Jahreszahlen zu bestimmen ist, kommt es bei der flachen Vergangenheit nicht auf die Datierung an. Das historische Material wird auf einer Fläche ausgebreitet. Die historische Ordnung, Epochengrenzen oder die Differenz von vorher/nachher werden dabei ausgeblendet – genau wie auf dem Playmobil-Piratenschiff. In der Erzähltheorie verwendet man dafür den Begriff der ‚Achronie‘, der das Fehlen chronologischer Verhältnisse zwischen einzelnen Ereignissen bezeichnet. Die flache Vergangenheit ist also das Ergebnis der ästhetischen, insbesondere popkulturellen Modellierung historischer Zeit (Schaffrick/Werber 2017; Penke/Schaffrick 2018).

Die Ensembles der flachen Vergangenheit werden aus einem Arsenal frei verfügbarer und miteinander kombinierbarer Figuren, Motive und Zeichen gebildet, die im kulturellen Gedächtnis gespeichert sind. Das sind zum Beispiel Erzählungen, Bilder, Orte und Symbole geschichtsträchtiger Ereignisse, historischer Personen oder Epochen. Die Bestände des kulturellen Gedächtnisses bilden den Fundus, aus dem durch Rekombinationen des Vergangenen immer neue flache Vergangenheiten arrangiert werden. Die ausgewählten Versatzstücke werden dabei ohne Rücksicht auf ihre historische Differenz nebeneinandergestellt.

Die Achronie der flachen Vergangenheit sticht in einer Szene des Videos besonders hervor (01:59). Germania steht in goldener Rüstung – ein Staufer-Wappen auf der Brust, ein Schwert über die Schulter gelegt – im Vordergrund eines feurig-rot erleuchteten Schlachtfelds. Im Hintergrund ist der Bauch eines Zeppelins zu erkennen. In der darauffolgenden Szene geht ein Zeppelin im Hintergrund eines Stahlgerüstes und der in Richtung der Kamera laufenden Bandmitglieder in Flammen auf (02:01). Die historischen Zuordnungen sind klar: zum einen das Mittelalterszenario aus der Zeit der Staufer irgendwann im 11. bis 13. Jahrhundert, zum anderen die Explosion der ‚Hindenburg' (LZ 129) 1937 in Lakehurst. Zwischen der mittelalterlichen Schlachtszene und der Explosion des Zeppelins liegen historisch gesehen also gut 750 Jahre, die in der zeitlichen Ordnung der flachen Vergangenheit keine Rolle spielen.

Szenarien der flachen Vergangenheit sind typisch für die Popkultur, ikonisch geworden durch das legendäre Cover des *Sgt. Pepper*-Albums der Beatles von 1967. Die

„Prominentensammlung" (Grasskamp 2004, S. 10) auf dem Cover nimmt keine Rücksicht auf die historischen Abstände zwischen zum Beispiel Karl Marx und Bob Dylan, Edgar Allan Poe und Marilyn Monroe. Das Cover zeigt ein Arrangement, das der US-amerikanische Literaturwissenschaftler Leslie Fiedler ein Jahr später den „Supermarket of Pop Culture" nennt (Fiedler 1999, S. 291). In dessen Angebot sind Superhelden, Politiker, Filmstars und Märchenfiguren gleichermaßen versammelt: Superman, Marilyn Monroe, Humphrey Bogart, Hitler (der ursprünglich auch auf das *Sgt. Pepper*-Albumcover sollte), Stalin und John F. Kennedy treffen dort aufeinander. Im popkulturellen Supermarkt sind die weltanschaulichen und politischen Unterschiede irrelevant, die historischen Abstände zueinander verlieren an Bedeutung, und schließlich löst sich auch die Unterscheidung zwischen historischen Personen und fiktiven Figuren auf. In der Popkultur, „they live a secondary life, begin to realize their immortality" (ebd.).

Sekundärdeutschland

‚Secondary life', also Sekundarität ist das entscheidende Stichwort, weil Deutschland auch in Rammsteins Video einen sekundären Charakter hat. Wenn man den Song hört oder das Video sieht, muss man sich die Anführungszeichen dazu denken, die alle intertextuellen und historischen Zitate des Videos einklammern. Es geht bei Rammstein nicht um Deutschland, sondern um „Deutschland" (in den für die Camp-Ästhetik unerlässlichen Anführungszeichen). Die Anführungszeichen heben die Distanz gegenüber dem Kontext hervor, aus dem zitiert wird (Penke/Schaffrick 2018, S. 144).

Die Geschichte in der Gestalt flacher Vergangenheit und im Modus des Sekundären zu präsentieren, ist typisch für die historische Eigenzeitlichkeit des Populären. Auch die „Mittelalterinszenierungen der Populärkultur" (Groebner 2008, S. 22) folgen dieser Logik. In *Das Mittelalter hört nicht auf* (2008) beschreibt Valentin Groebner, Mediävist aus Luzern, die ungebrochene und immer neue Mittelalterbegeisterung, die in der Populärkultur herrscht, und eigentlich eine Begeisterung für das Sekundärmittelalter ist:

> Die beiden kommerziell erfolgreichsten Filme der letzten Jahrzehnte, die Trilogien ‚Star Wars' und ‚Lord of the Rings', sind Sekundärmittelalter, zusammengesetzt aus den traditionellen literarischen Versatzstücken romantischer Mittelaltermotive, komplett mit Prinzessinnen und Ungeheuern, fahrenden Rittern, langhaarigen Barbarenkönigen und wilden Männern. Die Bahnhofsbuchhandlungen sind voller historischer Romane mit farbenprächtigen Umschlägen und etwas reißerischen Titeln, die im Mittelalter angesiedelt sind. Die künstlichen Welten der Computerspiele wimmeln nur so von Burgen und Bogenschützen. (ebd., S. 21)

Das Sekundärmittelalter wird aus traditionellen und zumeist besonders spektakulären Versatzstücken collagiert. Man kann den Begriff also gut gebrauchen, um die Gestaltung von Rammsteins *Deutschland*-Video zu beschreiben: Ritter mit glänzenden Rüstungen, Schwertern und Lanzen, ein wüstes Mönchs-Gelage in finsterem Gewölbe. Populäres Mittelalter ist das, was finster, dreckig, unzivilisiert, wild und vormodern aussieht. Rammstein inszenieren aber nicht nur das finstere Sekundärmittelalter, sondern das Video zeigt auch ein rohes Sekundärgermanien, eine rauschhafte Sekundär-Weimarer-

Republik, unmenschlich-brutale Sekundär-Nazis, eine glamouröse Sekundär-RAF, Sekundär-Astronauten usw.

Groebner unterscheidet drei Erzählweisen, die er zu einem Modell historischen Erzählens entwickelt. Dieses Modell hilft uns, Rammsteins Geschichtsinszenierung von anderen geschichtlichen Erzählformen zu unterscheiden:

1. Genealogie und Ursprungserzählung (vertikal): Dieser Modus stellt das Mittelalter als Vorbild und Fundament der eigenen Gegenwart dar und ist besonders verbreitet in den Mittelalterinszenierungen der Romantik. In diesen dominiert ein dreigliedriges geschichtsphilosophisches Modell aus idealisierter Vergangenheit (Ursprung), defizitärer Gegenwart (Entfremdung) und der Sehnsucht nach Wiederherstellung des Ursprungszustands in der Zukunft. Das machen Rammstein nicht.
2. Identifikation (biografisch): Bei dieser Art des historischen Erzählens werden Figuren der Vergangenheit der eigenen Geschichte anverwandelt und als Vorfahren behandelt, deren Stimme man verlebendigt. Im Mittelpunkt steht die subjektive Bindung an das Vergangene. Das machen Rammstein auch nicht.
3. Fragmentierung und Rekombination (horizontal): Dieser Erzählmodus trifft vor allem, aber nicht ausschließlich, auf die populären Inszenierungen des Sekundärmittelalters zu. „Mittelalterliches Material erscheint […] als heterogener Fundus, in dem alles je gleich weit entfernt ist und miteinander zu verschiedenen Zwecken kombiniert werden kann." (ebd., S. 136) Groebner nennt diesen Erzählmodus ‚horizontal', weil die Darstellung nicht in die historische Tiefe reicht, sondern eine Fläche bespielt, die mit unterschiedlichen Kombinationen von pittoresken, barbarischen, exotischen, irgendwie ‚mittelalter-

ungefähr 2000 Jahre umfassendes Panorama der deutschen Geschichte in nur vier knappen Versen zu entwerfen: „Du/ Hast viel geweint/Im Geist getrennt/Im Herz vereint". Der Text beginnt mit einer Anrede, die zugleich Selbstzitat ist. Rammstein zitieren den frühen und bis heute außerordentlich populären Song *Du hast* von 1997 (siehe ausführlicher im Kapitel „Zitate, Bezüge und Verweise"). Deutschland wird eine tränenreiche Vergangenheit attestiert. Die nationale Einheit ist eine Herzensangelegenheit („Im Herz vereint"), und die beständige Sehnsucht nach Einheit ging und geht – wie der Reim von „vereint" auf „geweint" zu verstehen gibt – mit Verlust und Schmerz einher. Rammsteins Erzählung der deutschen Vergangenheit gewinnt ihre Struktur über den Gegensatz „getrennt/ vereint": Das Hin-und-Her zwischen Trennung, Teilung, Spaltung, Zersplitterung (= Differenz) und Vereinigung bzw. Einheit (= Identität) zieht sich wie ein roter Faden durch die Mythen, Narrative und Diskurse der deutschen Geschichte von Tacitus' *Germania* bis zur Gegenwart (Wiedervereinigung, die ‚Mauer in den Köpfen').

Zur *Germania* des Tacitus passt es auch, dass das *Deutschland*-Video in einer landschaftlichen Kulisse beginnt, die, wie Tacitus in der *Germania* schreibt, „mit seinen Wäldern einen schaurigen, mit seinen Sümpfen einen widerwärtigen Eindruck" macht (Tacitus 2016, S. 9). Die schaurige Eingangssequenz des Videos erinnert vom Stil her an den Hollywood-Monumentalfilm *Gladiator* (2000) von Regisseur Ridley Scott, der ebenfalls mit dem Kampf zwischen Römern und Germanen beginnt. Das Motiv des abgetrennten Kopfes (im Video handelt es sich um den Kopf Lindemanns), den Germania unter ihrem Arm hält, lässt sich auf diesen Film zurückführen. Der Kopf ist aber ebenso als Referenz auf das Cover eines Albums des Rappers B-Tight zu verstehen. (Diese doppelte Verweisstruktur in Richtung Hollywood-

Blockbuster *und* in Richtung Deutschrap entspricht der Machart des gesamten Videos, wie sie im Kapitel „Zitate, Bezüge und Verweise“ vorgestellt wurde).

Während der Text offenlässt, wie weit die Vergangenheit zurückreicht, wird im Video eingangs „Germania magna, 16 A.D.“ (00:06) als Ort und Zeit der Handlung benannt. Die Datierung verstößt nicht gegen die prinzipielle Zeitlosigkeit der flachen Vergangenheit, sie gibt lediglich den historischen Rahmen vor, in dem Deutschlands flache Vergangenheit inszeniert wird. Im Kontext der ansonsten undatierten Geschichts-Show des Videos irritiert diese Angabe allerdings, weil die Varusschlacht 9 n. Chr. im kulturellen Gedächtnis viel besser verankert ist als die Germanicus-Feldzüge der Jahre 14 bis 16 n. Chr. 2000 Jahre Varusschlacht waren ein Großereignis des kulturellen Gedächtnisses mit Sonderausstellungen, Tagungen und einer Sonderbriefmarke. Das zweitausendjährige Jubiläum der Germanicus-Feldzüge fand wohl nicht oder jedenfalls nicht öffentlich statt. Erweitert wird das historische Spektrum zudem durch den Bezug auf den *Gladiator*-Film, dessen Handlung im Jahr 180 n. Chr. in Germanien einsetzt. In der Eingangssequenz des Rammstein-Videos wird zwar das Jahr 16 n. Chr. als historisches Datum benannt, aber letztlich spielt das Geschehen in der flachen Vergangenheit römischer Feldzüge in Germanien irgendwann zwischen 9 und 180 n. Chr.

≠ Breite Gegenwart

Auch wenn es danach klingt, ist die flache Vergangenheit nicht mit der ‚breiten Gegenwart‘ zu verwechseln, die der Literaturwissenschaftler Hans Ulrich Gumbrecht umrissen hat. Gumbrecht meint, dass die breite Gegenwart beständig von Vergangenheiten ‚überschwemmt‘, von

Vergangenem ‚überflutet' werde. Es gelinge nicht, „irgendeine Vergangenheit hinter uns zu lassen" (Gumbrecht 2015, S. 16). Stattdessen sei die Gegenwart „zu einer sich verbreiternden Dimension der Simultaneitäten geworden" (ebd.), in der alles Vergangene ständig präsent ist.

Gumbrecht setzt zwar die vermeintliche „Perfektion elektronischer Gedächtnisleistungen" voraus (ebd.). Dennoch scheint es rein illusorisch, anzunehmen, die Vergangenheit ‚überschwemme' die Gegenwart, da es bekanntlich kein Erinnern ohne Vergessen gibt. Zwar vervielfältigen sich die Zugänge zur Vergangenheit durch Computerspiele, Fernseh-Dokumentationen, Serien, historische Romane, Zeitschriften, Streaming-Plattformen, Social Media-Accounts usw., das historische Material wird auch leichter zugänglich, aber die Annahme einer „totalen Überflutung der Gegenwart durch die Vergangenheit" (Assmann 2013, S. 45), wie Gumbrecht sie vertritt, führt in die Irre. Dieser Ansatz übersieht „zum einen die unscheinbare Macht des permanenten Vergessens und Entsorgens […] und unterschätzt zum anderen die komplexen Selektionsmechanismen des kulturellen Gedächtnisses" (ebd.), wendet Aleida Assmann ein. Vergangenheit ist immer eine selektive Leistung der Akteur:innen, eine Konstruktion. Das Vergangene ist nicht selbstverständlich gegenwärtig, sondern muss „ausgewählt, bewertet, hervorgehoben, inszeniert, reklamiert und wiederholt re-präsentiert" (ebd.) werden.

Die beiden Konzepte, ‚flache Vergangenheit' und ‚breite Gegenwart', sind vom Ansatz her deswegen nicht vergleichbar. Gumbrecht postuliert einen epochalen Umbruch im kulturellen Zeitbewusstsein. Das traditionelle ‚historische Denken' – Linearität, wachsender Fortschritt, Gegenwart als Differenz von Vergangenheit und offenem Zukunftshorizont – werde durch die ‚breite Gegenwart' abgelöst. Bei der flachen Vergangenheit geht es hingegen um die mediale Inszenierung der Geschichte und der Bestände des kulturellen Gedächtnisses.

Gumbrecht nimmt zudem an, dass es ein Bedürfnis, eine melancholische „Sehnsucht nach Momenten der Präsenz" (Gumbrecht 2015, S. 143) gebe, die auf einen „Verlust von Dinglichkeit und Körperlichkeit" (ebd., S. 13) zurückzuführen sei. Eine solche Diagnose kann Gumbrecht nur stellen, weil Pop bei ihm keine Rolle spielt. Denn einerseits stellen die popästhetischen Inszenierungen der flachen Vergangenheit immer ihren sekundären, vermittelten Charakter heraus. Andererseits erzeugt Rammsteins Live-Performance natürlich Präsenzeffekte, die den Körper treffen (Diederichsen 2017), während das gesamte popästhetische Ensemble diese Präsenz zugleich durch verfremdende, distanzierende, skurril-groteske Gesten und Outfits sowie die mehrdeutigen und anspielungsreichen Texte durchkreuzt. Das bedeutet, dass Pop Präsenzeffekte herstellt, vor allem live, und dass Pop gleichzeitig jede Prätention von Unmittelbarkeit, Authentizität oder Präsenz unterläuft.

Spektakulär und populär

Das Video zeigt den Common Ground deutscher Vergangenheit. Welche Szenen sind in Historiendramen immer wieder gezeigt worden? Was prägt das Bild der deutschen Geschichte in der Populärkultur? Welche historischen Ereignisse oder Konstellationen kennt jede:r? Die beiden Kriterien, die die Auswahl historischer Bezugspunkte bestimmen, sind Popularität und Spektakularität. Das heißt, dass das, was für das Video ausgewählt wurde und was nicht, davon abhängt, ob es zum einen populär ist, also bei möglichst vielen auf Resonanz stößt, und ob es zum anderen die Möglichkeit bietet, besonders spektakulär (in der Regel blutig oder brutal) inszeniert zu werden. Andere Entwicklungen, die geistes- oder ideengeschichtlich relevant sind, fehlen ebenso wie historische Zeiten, die weniger bildmächtig oder weniger populär sind. Gezeigt werden nur populäre Ereignisse oder spektakuläre Szenen der deutschen Geschichte, die im Video – das entspricht seiner zeitlichen Ordnung als flache Vergangenheit – alle „je gleich weit entfernt" (Groebner) zu liegen scheinen.

Der sekundäre Charakter aller Vergangenheiten deckt sich mit der popästhetischen Bedingung, dass alles bei Rammstein so aufzufassen ist, als stünde es in Anführungszeichen. Dieser Eindruck wird zusätzlich verstärkt durch die „Referenzen auf zahllose Serien und Spielfilme" (Wicke 2019, S. 89). Dazu gehören u. a. die Filme *Gladiator, Das Leben der Anderen* und *Schindlers Liste,* also oscarprämierte Blockbuster, die allesamt weltweit erfolgreich waren und außerordentlich populär sind. Diese herausragende Popularität macht die Filme popfähig, weil die Inszenierungen der Vergangenheit wiedererkennbar und für eine bestimmte historische Epoche paradigmatisch sind: Römer wie bei *Gladiator,* SED-Politiker und Stasi-Mitarbeiter wie in *Das Leben der Anderen,* Nationalsozialisten und KZ-Häftlinge wie in *Schindlers Liste.* Solche außergewöhnlich populären Filme dienen als Vorlage für die Produktion flacher Sekundärvergangenheiten. Sie stellen das populäre Bild- und Formenrepertoire bereit, aus denen die Akteur:innen des Pop für ihre Inszenierungen schöpfen können.

Historischer Occasionalismus

Rammsteins ‚Haltung' zur Geschichte wie auch zum Politischen (und Moralischen) entspricht dem historischen Occasionalismus der Politischen Romantik. Politische

Romantik meint, politische Maßstäbe am Romantischen auszurichten, also am Subjektiven, am Träumerischen, am Abenteuerlichen, am Unbewussten oder eben am Occasionellen. In Carl Schmitts Worten:

> Aus immer neuen Gelegenheiten entsteht eine immer neue, aber nur occasionelle Welt, eine Welt ohne Substanz und ohne funktionelle Bindung, ohne feste Führung, ohne Konklusion und ohne Definition, ohne Entscheidung, ohne letztes Gericht, unendlich weitergehend, geführt nur von der magischen Hand des Zufalls. (Schmitt 1998 [1919], S. 19–20)

Die Auflösung kausaler und normativer Bindungen im Occasionalismus definiert Schmitt als das dominante Merkmal der Politischen Romantik. Was Schmitts Auffassung vom Politischen (Souveränität, Dezisionismus, Freund/Feind-Unterscheidung) entgegensteht, wird bei Rammstein zum Programm der Auseinandersetzung mit Geschichte.

Der historische Occasionalismus bildet nämlich das Scharnier zwischen der historischen Vorstellungswelt der flachen Vergangenheit und dem Politischen von Rammsteins Popästhetik. Es gibt demnach keine Position, auf die man Rammstein funktional, kausal, final oder dezisionistisch-normativ, das heißt letztlich politisch festlegen könnte. Rammsteins popästhetischer Occasionalismus bewegt sich stattdessen in der Relation, die Schmitt in der Politischen Romantik vorgezeichnet sieht: „die Relation des Rausches oder des Traumes, des Abenteuers, des Märchens und des zauberhaften Spiels" (Schmitt 1998, S. 19).

Die Vergangenheit, die sich dabei herauskristallisiert, verliert ihre exemplarische Evidenz. An die Stelle eines kontinuierlichen Erfahrungsraums, der Vergangenheit und

Zukunft zusammenschließt, tritt eine flache Vergangenheit ohne prognostischen Wert. Das Video zeigt eine achronologische, diskontinuierliche Verzeitlichung der Geschichte, die keinen didaktischen Wert besitzen will, sondern ihre spektakuläre Selbstreferenz genießt. Die mit Selbstzitaten gespickte Zeitreise der Bandmitglieder durch zweitausend Jahre Geschichte führt daher direkt ins Pop-Universum und nicht in die Geschichtsbücher.

Pop-Ästhetik

Nimmt man die spezifische Ästhetik von Pop mit ihrer Kraft, Stilgemeinschaften zu konstituieren, ernst, dann lässt sich methodisch begründet daran zweifeln, dass Rammstein überhaupt Diskurse – etwa über Deutschland – führen, die in einem engeren Sinne als politisch bezeichnet werden können. Um dieses Argument durchzuführen, muss man etwas ausholen. Der Medienwissenschaftler Jochen Venus diskutiert in seiner Phänomenologie des Populären drei Bildtypen. Neben dem referenziell-abbildenden Realismus (Courbet) und einer abstrakt-avantgardistischen Kunst (Mondrian), die allein durch Intensität überzeugt, gibt es, so zeigt er, inzwischen einen dritten Bildtypus, den er mit einem Bild von Donald Duck exemplifiziert. Dieser Typus arbeitet zwar mit konkreten Referenzen (Auto, Ente, Matrosenanzug), und doch lässt sich die Darstellung nicht ohne weiteres mit unserer Wirklichkeit abgleichen. „Die referenzielle Ansicht und die darstellerischen Mittel

K. Wilhelms et al., *Rammsteins „Deutschland“*, Essays zur Gegenwartsästhetik,
https://doi.org/10.1007/978-3-662-64766-0_6

wechseln ihren darstellungslogischen Ort. Die referenzielle Ansicht rückt an die Stelle, die eigentlich die darstellerischen Mittel besetzen sollen: Sie wird Mittel zum Zweck." (Venus 2013, S. 65) Sprich: hier wird zwar, wie bei Courbet, Weltförmiges dargestellt; dieses dient jedoch allein dem Zweck „spektakulärer Selbstreferenz" und muss folglich, wie bei Mondrian, vollständig durch seine eigene Form und Intensität überzeugen. Mit anderen Worten: Die Referenzen bleiben gegenüber dem Gutgefundenwerden strukturell sekundär, man findet gut, bevor man versteht.

> Die Selbstreferenz populärer Kulturen konstituiert (und stimuliert!) – und zwar gemäß ihres ästhetischen Prinzips – ein selbstähnliches Formenrepertoire. Wann immer populäre Kulturen einen Aufmerksamkeitserfolg erzielen, kristallisiert an diesem Erfolg sofort ein Konvolut ähnlicher Produkte. Jedes Faszinosum geht unmittelbar in Serie, strahlt aus, metastasiert und bezieht immer mehr Rezipienten in die spezifische Form spektakulärer Selbstreferenz ein. Auf diese Weise emergieren Stilgemeinschaften normalisierten Spektakels. (ebd., S. 67)

Diese Serialität populärkultureller Produkte, die ihr ästhetisches Prinzip definiert, vollzieht sich in einem marktförmigen Zusammenhang von Angebot und Nachfrage. Die angebotene Formenwelt, die in narrativen Formaten (wie dem Disney-Comic oder der Fantasy) zumeist auch die Form einer Diegese, einer erzählten Welt mit ihren speziell normierten Regeln hat (Entenhausen, Mittelerde), wird reproduziert, fortgeschrieben und auf neue Produktformen ausgeweitet (z. B. Merchandise, Disneyland) in genau dem Maße, wie sich die Produktionsseite eine Nachfrage erhofft.

Die Band als serielles Format

Als populärkulturelle Produkte sind auch Popstars und Bands diesem ästhetischen Serialitätsprinzip unterworfen. Nachdem sie sich einmal etabliert haben – d. h. nachdem sich gezeigt hat, dass die spezifische Mischung von Pop, Image und inszenierter Persönlichkeit (Persona), die sie anzubieten haben, die Ausstrahlung und Intensität hat, um einer Stilgemeinschaft zu gefallen oder sogar selbst eine solche zu konstituieren –, müssen die jeweiligen Anschlussprodukte (neue Platte, neue Tour, eventuell auch chamäleonartige Wechsel der Persona) zwar Neues bieten. Dieses muss jedoch anschlussfähig sein an den etablierten Markenkern, wird sich also eher als Variation und Überbietung des Bekannten präsentieren denn als radikale Neuerfindung. Das „eigendynamische Moment ihrer Evolution, ermöglicht durch ein konstant mitlaufendes Reflektieren auf die Bedingungen und Möglichkeiten der eigenen Fortsetzbarkeit", das Andreas Jahn-Sudmann und Frank Kelleter (2012, S. 207) für Quality-TV-Serien beschrieben haben, ist gerade für Pop-Acts Voraussetzung des Erfolges. Anders als traditionelle Künstler:innen in der Autonomietradition sind sie nämlich qua Warenform immer schon in ein rückgekoppeltes System eingebunden, in dem sie nicht unabhängig von der Nachfrage agieren können. Der US-amerikanische Kulturwissenschaftler Dean MacCannell bringt das in seiner Semiotik des Spektakulären auf den Punkt: „Selbstverständlich mögen Priester, Starlets und Mittelstürmer aufgrund ihrer direkten Beteiligung an der Produktion einer bestimmten Sensation einen gewissen gesellschaftlich-semiotischen Vorrang gegenüber ihren Genossen [auf der Rezeptionsseite] genießen. Aber sie können diesen Vorrang nur behaupten, in dem sie sich bedingungslos der ikonischen

Zeichenproduktion unterwerfen.“ (MacCannell 1986, S. 426, dt. M.B.)

Rammstein haben es nun zweifellos über die Jahre geschafft, unter ihrem Label erfolgreich eine Stilgemeinschaft zu etablieren, die eine hohe Kontinuität der Produkte erwartet und dabei nicht enttäuscht wird. In ihrer Internationalität ist diese Stilgemeinschaft für deutsche Pop-Acts außergewöhnlich, zumal die Band durch die Vergangenheit ihrer Mitglieder ja auch eine komplexe deutsch-deutsche Geschichte transportiert (vgl. dazu auch das Kapitel zur „Musik“). Die Angebote, die Rammstein mit ihren jeweils neuen Songs, Videos und Bühnenshows machen, müssen also bei vielen Gruppen von sehr unterschiedlicher kultureller Herkunft synchron einschlagen (vgl. Clover 2004). Sie bedienen eine Stilgemeinschaft, die in Ost- und Westdeutschland ebenso wie etwa in den USA, in Asien, Russland oder Skandinavien zu Hause ist. Wie kann das überhaupt gelingen? Doch wohl nur dadurch, dass das selbstähnliche Formenrepertoire, die dynamische Eigendynamik ihres Œuvres, in seiner Bedeutung für die Stilgemeinschaft sämtliche Formen kultureller Fremdreferenz überwiegt.

Zugespitzt könnte man also die These wagen, dass das, was politisch an Rammstein und spezifischer an *Deutschland* anmuten mag, tatsächlich seine Wirkung vor allem für diese und innerhalb dieser Stilgemeinschaft entfaltet. Es trägt dazu bei, dass die gemeinsame Ikone ‚Rammstein‘ weiterhin hochgehalten wird – und immerhin funktioniert das schon über ein Vierteljahrhundert ganz prächtig. Dabei geht, das ist die Natur des Spektakulären, Geilfinden, oder sagen wir neutraler: ästhetische Zustimmung regelmäßig vor Interpretieren und Verstehen: „Die Ikone vereint Sender und Empfänger in einem Kult, und ihre kultisch-ikonische Verständlichkeit geht jeder Interpretation, die man nachträglich an ihr vollziehen könnte, voraus." (MacCannell 1986, S. 426, dt. M.B.)

Deutsch-ness

Deutschland liefert nun geradezu in Überfülle die Elemente, die die Stilgemeinschaft von einem neuen Rammstein-Song und -Video erwartet. Dazu gehören nicht nur die zahlreichen konkreten Selbstzitate (siehe ausführlicher im Kapitel „Zitate, Bezüge und Verweise"), sondern auch allgemeinere Aspekte des Themen- und Formenrepertoires wie: martialische Männlichkeit; Pyrotechnik und Lichteffekte, die sowohl an die Lichtdome bei Nazi-Veranstaltungen wie auch an die Ästhetik klassischer Rockmusik (etwa die frühen Led-Zeppelin-Plattencover) erinnern; eine Schwarz-Weiß-Ästhetik mit Anklängen an die Filmwelten der 1920er- und 30er-Jahre; Anspielungen auf Grimms Märchenwelt und der Komplex Leder/Fetisch/Sex. Insgesamt kann man das alles auch unter die Anforderungen einer international erkennbaren ‚Germanness' rubrizieren, die als solche nicht primär dazu dient, tatsächlich Thesen über Deutschland, die Deutschen oder das Deutsche in den Diskurs einzubringen, sondern ein spezifisches, von der Community goutiertes ‚Flavor' hervorzubringen. Das funktioniert nach demselben Muster, nach dem etwa die ‚Italianität' in der Panzani-Werbung erzeugt wird, die Roland Barthes in *Rhetorik des Bildes* analysiert. Eine solche Geschmacksnote kann auch die einer historischen Epoche sein, wie die 80s-ness in den TV-Serien *Stranger Things* oder *Dark*. Die 1980er-Jahre folgen in einem solchen Falle eben nicht in einer irgendwie für die Sache relevanten Weise auf die 1970er oder münden in den Zusammenbruch des Ostblocks, sondern bilden das Mittel einer ästhetischen Schließung

– es handelt sich eben um Kunstgebilde vom Typ Donald Duck, nicht vom Typ Courbet.

Zur Evokation dieser ‚Deutsch-ness' gehören in Rammsteins Fall von Beginn an auch die Anspielungen auf die NS-Zeit. Die werden zum Teil sehr konkret und mit hoher Bewusstheit für das Material gestaltet, mit dem man da spielt, exemplarisch etwa im *Stripped*-Video mit seiner Verwendung von Riefenstahl-Filmszenen. In *Deutschland* gehören dazu die Szenen, die die Bandmitglieder als KZ-Häftlinge in Dora-Mittelbau inszenieren. Zum Teil werden solche Anspielungen aber auch eher unspezifisch über Frakturschrift, Phrasierung oder eine vage Grundmartialität vermittelt.

Der Punkt ist: Das ist alles erwartbar. Es erfüllt die Normen eines Rammstein-Spektakels, wie es jeder, der die Marke Rammstein kauft, mit gutem Recht erwarten kann. Die entsprechenden Qualia werden im Sinne einer seriellen Überbietung immer wieder neu hochgetrieben, teilweise bewusst bis an den Rand von Tabubrüchen. 2019 wird das besonders im *Ausländer*-Video mit seinem kolonialen Bildrepertoire versucht, das allerdings keinen besonderen Aufschrei verursacht hat. Im Zusammenhang mit *Deutschland* ist es vor allem der kurze Schnipsel, der im Vorfeld als Teaser veröffentlicht wurde und eben die KZ-Szene enthielt, was die üblichen medienöffentlichen Reflexe auslöste. Solche ‚Aufreger' werden durchaus systematisch gestreut. Sie dienen sehr erfolgreich einer medialen Aufmerksamkeitsökonomie. Vor allem aber haben sie die Funktion, die Rezipient:innen zu unterteilen in ein WIR: die Stilgemeinschaft, die es ‚gettet', die die Normen des spezifisch Rammstein'schen Spektakulären verinnerlicht hat und erwartet, und ein SIE: die es nicht ‚getten', sich aber schön aufregen. Mehr als das *Deutschland*-Video selbst hat der vorab veröffentlichte Auszug aus dem Video diesen Doppelmechanismus kalkuliert bedient.

Die generelle These lässt sich also spezifizieren: Vermeintlich Politisches in Rammsteins *Deutschland*-Video zahlt vor allem auf das ‚normalisierte Spektakel' ein und verfolgt oder führt nicht tatsächlich gegenwärtige politische Diskurse. Es ist selbst- und nicht fremdreferenziell zu lesen. Wie die zahlreichen Anspielungen auf das Gesamtwerk von Rammstein im Video tragen die Deutschland-Referenzen zu seiner Schließung bei. Rammsteins Deutschland in *Deutschland* ist ein „Deutschland" in Anführungszeichen. Die historischen Zeichen werden angeeignet als Spielmaterial des normalisierten Spektakels der Ikone namens Rammstein. In der Nebenordnung werden ihre spektakulären Qualia ausgereizt, dagegen verlieren sie jedoch ihren historischen Charakter und werden flach im Sinne einer Pop-Oberfläche (siehe ausführlicher im Kapitel „Geschichte").

Ästhetik des Scannens

Womöglich reflektiert das Video sogar in spezifischer Weise auf genau diese Transformation. Das rote Neon- oder Laserlicht, dessen Strahlen die finsteren Szenarien durchziehen, wirkt immer wieder so, als werde hier etwas abgescannt. Das beginnt gleich zu Anfang bei Minute 00:18, etwas später wird deutlich, dass hier eine liegende Sandsteinstatue wie von einem Kaisergrab vom Lichtstrahl abgetastet wird (00:43). Dieser Scanvorgang mündet direkt in den *Deutschland*-Titelzug (00:58). Es folgt eine weitere, diesmal stehende Statue bei 01:10, dann setzt sich das Scan-Motiv ab 03:17 (et passim) fort. Was geschieht hier? Der Vorgang des Scannens überführt ganz generell ein analoges Phänomen in eine digitale Datenmenge, die dann im Netz verfügbar gemacht werden kann. In seiner neuen, digitalen Form kann das Motiv dort beliebig distribuiert und dabei memifiziert, kombiniert und verändert werden. Ganz im Sinne des spektakulären ikonischen Zeichens verbreitet sich ein Meme allein kraft seines Wallungswertes (um einen Ausdruck von Gottfried Benn zu gebrauchen), seiner Fähigkeit, intensive Effekte hervorzubringen, sprich: massenhaft Klicks und Likes zu generieren. Dabei müssen das Ausgangsobjekt, sein Originalkontext und seine ursprüngliche Bedeutung nicht mehr unbedingt eine Rolle spielen. Indem das *Deutschland*-Video seinen Titel ostentativ aus so einem Scanvorgang generiert, verweist es auf sein eigenes Verfahren: Die historischen Zeichen werden hergenommen und in einen neuen medialen und zeichenhaften Zusammenhang überführt, in dem sie geradezu wesenhaft nicht mehr dasselbe sind, geschweige denn noch dasselbe bedeuten wie in ihrem Ausgangskontext.

In ihren neuen Kontexten – Medienlandschaft, Popkultur, digitale Kultur – werden die Zeichen tendenziell zu Zeichen der Selbstbestätigung und Binnenkommunikation der Stilgemeinschaften, die sie sich jeweils aneignen. Ausgehend von der Tatsache, dass wir in der digitalen Welt mit schier unendlichen Entscheidungsmöglichkeiten konfrontiert sind, „setzt ein Vergleichsmechanismus ein, welcher sich als Affirmation bzw. Konformität (‚Ja, das entspricht mir') oder Negation bzw. Abgrenzung (‚Nein, das entspricht mir nicht') vollzieht." (Knödler und Martach 2018, S. 165) In den Wirtschaftswissenschaften und im Marketing gibt es für dieses Verhältnis neuerdings den Begriff der „ästhetischen Genuinität". Es handelt sich um eine Schließungsfigur; die Aneignung vollzieht sich so, dass sie primär der Bestätigung sowohl des Horizontes der einzelnen Rezipient:innen als auch von deren Stilgemeinschaft entspricht.

Wer führt welchen Diskurs?

Das aber hat gravierende Auswirkungen auf das diskursive Potenzial. Wo Rammstein hier wie anderswo zum Diskursauslöser werden, ist dieser Diskurs immer ein doppelter. Für jene, die das präsentierte Material anstößig finden – sagen wir stellvertretend: Charlotte Knobloch –, werden hier Sagbarkeiten und Repräsentationsregeln verhandelt, die von Deutschland und seiner Geschichte, insbesondere der Shoah handeln: „Was Rammstein im Video zeigt, verharmlost [...] eindeutig die Schrecken des Holocaust. So eine Trivialisierung schadet am Ende unserer Erinnerungskultur und befördert dann Vorurteile und eine Normalisierung von Antisemitismus." (Knobloch 2019) Rammstein wird hier eine Diskursposition zugeschrieben, die politisch rechts, revisionistisch oder gar antisemitisch ist, zumindest aber bekämpft werden muss, was sowohl für die Band wie auch für große Teile des internationalen Publikums eine eher absurde Vorstellung sein dürfte. Denn die Stilgemeinschaft, die es ‚gettet', die *in the know* ist, nimmt diese Diskursposition überhaupt nicht ein. Ihr liegt es ganz fern, das Rammstein-Material für derartige Verhandlungen zu instrumentalisieren. Sie genießen *Deutschland* als ein ästhetisch dichtes Spektakel, das souverän über seine Materialien verfügt und sie maximal energetisch ins Spiel bringt oder in Szene setzt. Dabei werden sie durch die spektakulären Effekte (‚geil', ‚krass') in gewünschter Weise affiziert, wobei durchaus auch gemischte Gefühle eingehen können, deren Intensität und Komplexität sich (unter anderem) eben aus den Wallungswerten der historischen Zeichen speist. Eine Synthese dieser beiden Diskurse ist deshalb so schwierig, weil sie ihren Ort weder auf dem ethisch-politischen Terrain haben kann, auf dem Knobloch argumentiert, noch auf dem Terrain der Stilgemeinschaft.

Es gibt deshalb hier, so seltsam das zunächst klingen mag, ein Primat des Ästhetischen im kantischen Sinne. Die Zugehörigkeit zur Stilgemeinschaft ‚Rammstein' wird uns, wie jedes ästhetische Urteil, nur angesonnen. Sie ist begrifflich-argumentativ weder zu erzwingen noch zu verhindern (vgl. Baßler und Drügh 2021). Insbesondere ist die Zugehörigkeit zu dieser Stilgemeinschaft mit politischen Anschauungen über das tatsächliche Deutschland nicht korreliert, politisch können ihre Mitglieder plural sein (wie es ja auch tatsächlich der Fall ist).

Dass auch diese ästhetisch geschlossene populärkulturelle Form von Gemeinschaft auf einer anderen Ebene wiederum politisch interpretiert werden könnte, steht auf einem anderen Blatt.

Race & Gender

Rammsteins *Deutschland* – das ist teutonisch-regressive Männerfantasie und afrofuturistisch-progressiv anmutende Germania gleichermaßen. Rammstein bewegen sich also wieder einmal in einem von ihnen zuallererst geschaffenen Spannungsfeld. Sie sind längst zu Meistern im Spiel mit den Codes avanciert. Sie wissen Worte, Bilder, Melodien gleichzeitig so genau und so vage zu füllen, dass die Semantiken ambivalent in der Schwebe bleiben. Das (pop-)semiotische Spiel ist gleichermaßen plump wie es anregend ist. „Man macht nicht nur einfach Popmusik, sondern bringt deutschsprachige Texte hervor, die alles um sie herum mitreflektieren", schreibt Till Huber über den ‚Germanisten-Pop' von Diskurspopgruppen wie Blumfeld oder Tocotronic (Huber 2016, S. 120). Obwohl er damit nicht direkt den Germanen-Pop von Rammstein referenziert, liefern auch Till Lindemann und seine Band mit *Deutschland* wieder einen Text, der ‚alles um

K. Wilhelms et al., *Rammsteins „Deutschland"*, Essays zur Gegenwartsästhetik,
https://doi.org/10.1007/978-3-662-64766-0_7

sich herum mitreflektiert‘ und sich dank dieser Reflexionsschleifen gegen allzu simple Kritik scheinbar immunisiert. Dies geschieht, so unser Argument an dieser Stelle, auch durch die Aneignung popfeministischer Zeichen. Darum soll es zunächst einmal gehen, bevor wir uns der Frage nach afrofuturistischen Elementen im *Deutschland*-Video widmen.

In besagtem Spannungsfeld ist Deutschland weder das von Nazis gepriesene Vater- noch das von den uneigentlichen Dandys bereiste *Faserland,* obwohl all das im Pop-/Populismus-Spiel *in absentia* mitläuft. Für Rammstein ist Deutschland neben der teutonischen Männerfantasie eine Frau – und zwar eine Schwarze Frau. Werden Rammstein damit etwa zu Vorreitern in Sachen Diversity? Ist doch alles da, an der glänzenden Oberfläche des Musikvideos in cineastisch-bombastischer Ästhetik – in einer frühen Szene des Videos wird die Schwarze Germania gar von der Gruppe Rammstein im Rollstuhl geschoben. Damit macht sie das *triple oppression*-Bingo voll: Sie ist nicht nur weiblich und Schwarz, sondern auch noch behindert. *Representation matters*! Haken dran? Nicht ganz.

Rammsteins Bitches, Butches, Dykes und Divas

Die Schauspielerin Ruby Commey schlüpft, wie auch Rammstein selbst, für die unterschiedlichen Szenarien im Musikvideo zu *Deutschland* dem jeweils recht frei interpretierten historischen Moment entsprechend in verschiedene Outfits und Rollen. Einige dieser von ihr verkörperten Rollen erinnern – stets vage – an historische Figuren wie Jeanne D’Arc oder Königin Elisabeth I. – und auch an Lewis Carrolls Herzkönigin ist unweigerlich zu denken, wenn Germania sich der Zerstückelung der Lindemann-Figur widmet: Ab mit dem Kopf! Die zitierten Machtfrauen werden, obwohl ihre Wirkstätten historisch ganz woanders zu verorten sind, *qua* Abspann in ein und dasselbe Paradigma einsortiert, wenn es hier nur heißt „Ruby Commey as Germania". Barbarin, Tyrannin, Golden Twenties-Girl – bei Rammstein ist das alles Deutschland.

Während sich das Video schon auf den ersten Blick eindrucksvoll in die Hochglanz-Kino-Ästhetik einreiht, offenbaren einige der Looks ihre Wirkmacht erst auf den zweiten Blick: Germania mit einem Patronengurt um den Körper, Germania mit Nonnenhaube bekleidet, Germania mit Fleisch belegt – was an Bildmaterial schon für sich genommen Provokationspotenzial hat, steigert sich nur, wenn man es als Zitat erkennt. Die genannten Outfits zitieren ikonische Looks aus der jüngeren Pop-Geschichte, genauer: aus der jüngeren Geschichte des Popfeminismus.

Da wäre etwa die Szene, in der Commey umringt von den durch Rammstein dargestellten Ordensbrüdern mit Fleisch belegt auf einem Tisch liegt. Eine Frau eingekleidet in Fleisch kennen wir spätestens dank Lady Gagas Auftritt bei den MTV Video Music Awards im Jahr 2010. Ihren Preis für das *Video of the Year* nahm sie von Kopf bis Fuß mit insgesamt 23 kg rohem Fleisch bekleidet entgegen. Nachdem Skandalfotograf Terry Richardson sie bereits für das Cover der japanischen *Vogue Homme* in einem ‚Meatkini' abgelichtet hatte, trieb Gaga das Spiel mit den Fleischlappen für die Show auf die Spitze und präsentierte sich im Fleischkleid. Das Outfit ist als ein Kommentar auf die Objektifizierung des weiblichen Körpers (nicht nur) im Pop zu lesen. Gaga unternimmt den Versuch der Subvertierung der poptypischen Lust an der Fleischbeschau. Das Fleischkleid ist eine Kritik an der Sensationslust am weiblichen, gern auch nackten Körper auf dem roten Teppich und der Bühne (vgl. Seidel 2012). „Female flesh is a powerful resource", wie die britische Journalistin und Autorin Laurie Penny in ihrem einschlägigen Essay *Meat Market* beschreibt (Penny 2010, S. 1). Gaga unternimmt mit ihrem ikonischen Outfit die feministische Rückaneignung des „female flesh" als „powerful resource".

Während Lady Gaga also mit ihrem Outfit die Autonomie über ihren weiblichen Körper reklamiert, bedienen sich im *Deutschland*-Video Männer in Mönchskutten nach Herzenslust am Fleisch der Germania. Sie ist zudem nicht einfach *all wrapped up* in Fleisch, sondern in der deutschesten Form von Fleisch: der Würstchenkette. Und als sei das noch nicht genug, ist auch noch Sauerkraut dazu drapiert worden. Das nationale Nahrungsklischee, das mit ‚Krauts' im Zweiten Weltkrieg unter Amerikaner:innen eine gebräuchliche Bezeichnung für die Deutschen geworden ist, ist auch im Rammstein-Universum nicht neu. Erinnert sei an den Song *Pussy*, der 2009 auf dem Album *Liebe ist für alle da* veröffentlicht wird. In dem in weiten Teilen in rudimentärem Englisch verfassten Song heißt es unter anderem: „Schönes Fräulein, Lust auf mehr/Blitzkrieg mit dem Fleischgewehr / [...] / Steck Bratwurst in dein Sauerkraut". Die Lyrics adressieren zunächst solche Rezipient:innen, die der deutschen Sprache nicht mächtig sind, schließlich handelt es sich bei den Termen „Fräulein", „Blitzkrieg", „Bratwurst" und „Sauerkraut" um Germanismen, die ihren Weg in andere Sprachen gefunden haben. Hier wird subtil die *Deutschness* Rammsteins markiert (siehe ausführlicher im Kapitel „Pop-Ästhetik"). Für Rezipient:innen, die Deutsch verstehen, ergeben sich darüber hinaus Anzüglichkeiten, die gut zum hypermaskulinen Image der Band, vor allem vertreten durch Frontmann Till Lindemann, passen. Nebenbei bemerkt: Die Anzüglichkeiten werden im Video zu *Pussy*, in dessen FSK-12-Variante jedes

Rammstein-Mitglied mit einer Pornodarstellerin eine sexuelle Fantasie auslebt, visualisiert. Die *Deutschness* wird in diesem Musikvideo außerdem dank schwarz-rot-goldener Bikinis und Backdrops markiert.

Was bei Lady Gaga anschließend an Jana Sterbaks *Fleshdress for an Albino Anorectic* (1987), einem Kunstprojekt mit verrottendem Fleischkleid, als Fortführung feministischer Diskurse lesbar ist und eine politische Dimension hat, wird von Rammstein als visuelles Zitat angeeignet, entleert und eingeebnet (um nicht zu sagen ‚flachgelegt'). Während Gagas Provokation auch als kritischer Kommentar auf die Objektifizierung und Kommodifizierung von weiblich gelesenen Körpern im Pop-Business zu verstehen ist, werden eben diese Praktiken in *Deutschland* wiederholt, indem Commeys Körper von den männlichen Bandmitgliedern wortwörtlich konsumiert wird. Die nicht nur mit Fleisch bekleidete, sondern selbst wieder zu nacktem Fleisch degradierte Frau wird somit zum rein ästhetischen Spektakel ohne emanzipatorisches Potenzial.

Ähnlich verhält es sich mit anderen Looks, die Commey im Video verkörpert. Als weiteres popfeministisches Zitat ist das Posing mit dem umgeschnallten Patronengurt zu verstehen, schließlich hatte es Beyoncé in ihrer Halbzeit-Show des 50. Super Bowl im Jahr 2013 prominent genauso getan. Was allerdings bei Beyoncé als Hommage an die Black Panther Party zu verstehen ist, die zeitgleich mit dem Sport-Großereignis ihr 50. Jubiläum feierte (vgl. Seidel 2017), ist bei Rammstein völlig aus dem Zusammenhang gerissen und im neuen Kontext wohl dem „Fleischgewehr" näher als der Huldigung der Schwarzen Befreiungsbewegung. Der Schriftzug „Germany" lässt nicht nur an Bling-Bling-Merchandise denken, sondern irgendwie auch an Wehrsportgruppe.

Das pop-informierte Publikum muss beim Betrachten des Musikvideos ohnehin häufiger an Beyoncé denken. Nicht nur ikonische Fotos und Performances kommen in den Sinn, sondern auch Bilder ihrer Visual Alben, dem selbstbetitelten (2013) und *Lemonade* (2016). So ist etwa an Beyoncés Verweise auf die Black-Lives-Matter-Bewegung zu denken, als Commey im Abspann mit besagtem Patronengurt dekoriert und fünf deutschen Schäferhunden an der Leine den roten Teppich entlang geht und im Hintergrund sechs Polizisten stehen. In Beyoncés Video zu *Formation* (2016) sehen wir eine ähnliche Reihe Polizist:innen in voller Montur. Anders als bei Rammstein haben die zum Schluss allerdings keine Waffen im Anschlag, sondern heben – ganz im Gegenteil – kapitulierend die Hände und visualisieren damit die in Form eines abgefilmten Graffitis artikulierte Forderung „Stop shooting us".

Nichts ist neu, aber alles ist anders, wenn Rammstein genau diese Bilder in ihrem Video zitieren. Sind Beyoncés jüngere Videos eine Verbeugung vor Schwarzen Kulturen und ihren Köpfen, greifen sich Rammstein ein ikonisches Motiv nach dem nächsten heraus und gemeinden es ein in die bandtypische Ambiguität, für die uns Germania eben nicht nur als Abbild von Queen Bey, sondern etwa auch als *Bitch* (engl. für Hündin) präsentiert wird, wenn sie im gleichen Video einen Wurf Hundewelpen gebärt.

Cross-dress to impress?

Bei allem hypermaskulinen Gebaren im Rammstein-Kosmos – bis hin zu gigantischen Phalli, die bei Live-Shows ins Publikum ejakulieren (siehe ausführlicher im Kapitel „Live-Performance") – gibt es doch Momente, in denen mit der vermeintlichen Eindeutigkeit von

Geschlecht gespielt wird. Wie gekonnt dieses Spiel allerdings gelingt, gelingen soll, ist eine andere Frage. So verkörpert Till Lindemann im Video zu *Deutschland* eben nicht nur *manly men* – Ritter, Mönch, *Peaky Blinder* –, sondern auch Ulrike Meinhof, immer schon radikale Linke und schließlich Terroristin der Roten Armee Fraktion. Besticht das von Dorota Budna und Diana Nagler entworfene Kostüm im Video ansonsten durch Akkuratesse und eine Liebe zum Detail, die sich mit Produktionen noch größeren Kalibers durchaus messen kann, muss Lindemanns Meinhof als gewollt ‚schlampig' inszeniert beschrieben werden. Sieht man die echte Meinhof auf Fotos praktisch nie stark geschminkt und immer zurückgenommen gekleidet, glänzt die Lindemann-Meinhof nicht nur durch eine auffällig übercodierte Bluse, die durch die darauf gedruckte Zeitung wohl auf ihre Tätigkeit als Journalistin verweisen soll, sondern auch durch einen Bartschatten. Der wäre, wie wir spätestens seit *Ru Paul's Drag Race* wissen, durchaus wegzuschminken oder – man denke etwa an Freddie Mercury im Video zu *I Want to Break Free* oder Conchita Wurst – gekonnt zu queeren gewesen. Das ist aber an dieser Stelle schlicht nicht gewollt. Hinzu kommt der großzügig über die Lippenränder hinweg aufgetragene rote Lippenstift und analog zu den entsprechend colorierten Bikinis wie im *Pussy*-Video immerhin schwarz-rot-goldener Nagellack – ausgerechnet. Eine der spannendsten deutschen Frauenfiguren des 20. Jahrhunderts überhaupt wird also gleichzeitig national übermarkiert und auf vermeintliche Weiblichkeitsmerkmale reduziert, die ihr in dieser Form nicht einmal zu eigen gewesen sind.

Weitaus gelungener sind die Szenen, in denen Ruby Commey in (potenziell) männliche Rollen schlüpft. In der KZ-Szene ist sie im NS-Kostüm dank der Augenklappe als Claus Schenk Graf von Stauffenberg zu identifizieren, der im Rahmen der Operation Walküre am 20. Juli 1944 ein Attentat auf Adolf Hitler ausübte. Commey ist dabei eingekleidet in die Uniform der SS-Totenkopf-Division, die im Nationalsozialismus für Betrieb und Bewachung der Konzentrationslager zuständig gewesen ist. Allein, Stauffenberg gehörte ihr nie an. Auch hier ist das Kostüm also nur bedingt akkurat und die Zeichen (Augenklappe und Uniform) passen nicht zueinander. Das ist an dieser Stelle vor allem Resultat dessen, was wir an anderer Stelle als flache Vergangenheit beschreiben (siehe ausführlicher im Kapitel „Geschichte“). Zwar wird hier eindeutig Stauffenberg referenziert, der aber historisch keine eindeutige Figur gewesen ist und zunächst sowohl als strammer Nationalsozialist wie dann eben auch als Hitler-Attentäter in die Geschichtsbücher eingegangen ist.

Lindemann als Meinhof, Commey als Stauffenberg – die saloppen Darstellungen der beiden im *Deutschland*-Video reihen sich praktisch nahtlos ein in das Paradigma vermeintlicher Provokationsmomente, das neben den enthistorisierten historischen Figuren auch Fleischbeschau und Hundegeburt umfasst.

Die Schwarze Germania als afrofuturistische Intervention?

Wie bereits die popfeministischen Zitate vermuten lassen, spielen Rammstein unentwegt mit scheinbar emanzipatorischen Ansätzen, die jedoch immer wieder nicht nur ins überfrachtete Zeichen-Nichts verlaufen, sondern durch die im Video sichtbar werdenden Ambiguisierungsstrategien (siehe ausführlicher im Kapitel „Mehrdeutigkeit“) schlussendlich völlig sinnentleert werden. Um diese Sinnentleerung zu identifizieren, ist es entscheidend, die ursprünglich emanzipatorisch-subversiven Potenziale der zahlreichen Intertexte zu beleuchten, derer sich Rammstein so kalkulierend bedienen. Besonders eignet sich dazu eine Betrachtung afrofuturistischer Elemente in *Deutschland,* die alternative Perspektiven auf im Video vermittelte Nationalgeschichte(n) und -identität(en) eröffnen können. Trotz der Aneignung durch Rammstein haben sie das Potenzial, als Gegenentwurf zur Weißen hegemonialen (Hyper-)Maskulinität zu fungieren, die sowohl Bandimage als auch Männlichkeitskonstruktionen der rechten Szene dominieren. Kann das Video also mehr sein als ein reines Zeichenspiel, in dem die Schwarze Frau den Weißen Mann als Zentrum ablöst?

Afrofuturismus – zwischen Zukunftsvision und Geschichtsrevision

Im Zentrum der afrofuturistischen Agenda steht einerseits die künstlerische Imagination alternativer Zukunftsszenarien, die sich als Interventionen gegen strukturellen Rassismus verstehen und an der Schnittstelle von Science-Fiction und afrodiasporischen Kulturen operieren. Das Ziel ist die Imagination von „possible futures through a black cultural lens […] as a way to encourage, experiment, and reimagine identities and active liberation" (Ingrid LaFleur 2011). Das wohl bekannteste popkulturelle Beispiel ist Marvels *Black Panther* (2018), in dem das fiktionale afrikanische Königreich Wakanda durch hochentwickelte Technologien zur Supermacht aufsteigt. Der Film, der gespickt ist mit Aufnahmen von hochglänzendem technischen Equipment, das souverän von Schwarzen Wissenschaftlerinnen bedient wird, zeigt, wie eine Zukunft aussehen kann, in der sich ein afrikanisches

Land nicht nur vollständig von kolonialen Einflüssen befreit, sondern auch von der (ebenso kolonialen) Vorstellung, dass Innovationen immer nur *nach* Afrika gebracht werden (müssen), aber nicht *aus* Afrika stammen können.

Trotz dieser für afrofuturistische Texte typischen technisiert-futuristischen Ästhetik liegt der Strömung zugleich eine retrospektive Ausrichtung zugrunde: Zurückblickend in die Vergangenheit versteht sich Afrofuturismus als „revisionist discourse in which racialized, gendered bodies use technology to reparative ends“ (Barber 2018, S. 137). Während afrofuturistische Texte also hauptsächlich Schwarze Zukunftsszenarien entwerfen, werden diese häufig an eine Sichtbarmachung Schwarzer Geschichte in Weiß geprägten historiografischen Kontexten gekoppelt.

Diese zeitliche Doppelbewegung, gleichzeitig vor- und rückwärts gerichtet, durchzogen von Flashbacks und Flashforwards, ist auch filmisch im Video zu Rammsteins *Deutschland* verankert: Insbesondere die Montage im Video – schnelle Schnitte, die an Parallelmontagen im Sinne von Sergei Eisenstein erinnern – suggeriert die zeitliche Simultaneität der Handlungen und evoziert die schon verschiedentlich besprochene Verflachung der Geschichte (siehe ausführlicher im Kapitel „Geschichte“). Diese Verwischung von zeitlichen Grenzen sowie das Aufbrechen von Kausalität und Chronologie signalisieren zusammen mit der (im Video vor allem durch Commey verkörperten und durch visuelle Effekte verstärkten) afrofuturistischen Ästhetik zumindest potentiell eine Abkehr von homogenisierten Weißen, deutschen Geschichtsbildern und machen stattdessen eine afrodeutsche Präsenz in dieser Geschichte sichtbar. Dass diese Präsenz nicht bloß als reine Science-Fiction abzustempeln ist, zeigt zum einen die Tatsache, dass die Kostümierung der Germania in Kettenhaube der Bekleidung der (sehr realen) Statue des

Heiligen Mauritius, einem Schwarzen Märtyrer, aus dem Magdeburger Dom (ca. 1240; Abb. 6) verblüffend ähnlich sieht (siehe zu Mauritius auch den Beitrag von Jeff Bowersox (o. J.) im *Black Central Europe* Archiv).

Zum anderen ist die Anwesenheit Schwarzer Menschen in Deutschland und Europa wissenschaftlich hervorragend belegt, zum Beispiel in den Arbeiten von Katharina Oguntoye (1997), Fatima El-Tayeb (2001), Mischa Honeck et al. (2013) oder Olivette Otele (2020). Trotzdem hat es ein Bewusstsein darüber nie wirklich

Abb. 6 Der Heilige Mauritius (Bowersox o. J.)

ins kollektive deutsche Gedächtnis geschafft. Genau hier setzen afrofuturistische Interventionen an: als Gegenerinnerung. All das schwingt mit in Rammsteins Inszenierung der Schwarzen Germania.

Afrofuturistische Archäologie als Gegenerinnerung

Auffällige Parallelen ergeben sich auch zwischen Germania und der Figur des Data Thief im afrofuturistischen Dokumentarfilm/Video-Essay *The Last Angel of History* (1996, von John Akomfrah und dem Black Audio Film Collective): In seinen Reisen durch Zeit und Raum versucht der Data Thief Schwarze (Musik-)Geschichte zu rekonstruieren, um daraus einen Code für seine eigene Zukunft abzuleiten. Diese archivarisch-archäologischen Bestrebungen werden auch in *Deutschland* sichtbar. Die symbolische Laser-Vermessung von Artefakten (Statuen usw.) sowie die scheinbar willkürliche Zeitreise zu verschiedenen Schauplätzen deutscher Geschichte wird durch die Figur der Schwarzen Germania gerahmt und rekonstruiert.

Durch den filmischen Intertext zum Video wird gleichzeitig eine Parallele zu Walter Benjamins „Engel der Geschichte“ hergestellt, auf den Akomfrahs Filmtitel *The Last Angel of History* anspielt. Benjamin schreibt mit Bezug auf Paul Klees Gemälde *Angelus Novus:* „Der Engel der Geschichte muß so aussehen. Er hat das Antlitz der Vergangenheit zugewendet. Wo eine Kette von Begebenheiten vor *uns* erscheint, da sieht *er* eine einzige Katastrophe, die unablässig Trümmer auf Trümmer häuft und sie ihm vor die Füße schleudert“ (Benjamin 1980, S. 697). Ähnlich wie Benjamins Engel der Geschichte erlaubt es uns die afrofuturistisch ästhetisierte Germania in Rammsteins *Deutschland,* ein alternatives Geschichtsverständnis zu imaginieren, das mit Kodwo Eshun als „countermemory" (Eshun 2003, S. 288) oder Gegenerinnerung zur mythologisierten und distinkt weißen Nationalgeschichte Deutschlands verstanden werden kann. Statt einer „Kette von Begebenheiten" verweist sie auf deutsche Geschichte als „eine einzige Katastrophe, die unablässig Trümmer auf Trümmer häuft". Ganz anders als der hymnenhafte, titelgebende Chorus „Deutschland" vermuten ließe, wird die Nation hier keinesfalls bejubelt, sondern als Anhäufung sich wiederholender Gewaltexzesse bloßgestellt.

Obwohl das Video die deutsche Kolonialgeschichte als einen dieser Gewaltexzesse gekonnt umschifft – ähnlich wie die deutsche Erinnerungskultur als Ganzes (siehe etwa den katastrophalen Umgang mit Forderungen nach Reparationen und förmlichen Entschuldigungen für den Völkermord an Herero und Nama) –, schafft es die afrofuturistische Ästhetik in *Deutschland,* zumindest indirekt auch auf dieses Kapitel deutscher Geschichte zu verweisen. Während insbesondere die Kraniometrie, die Schädelvermessung also, als pseudowissenschaftliche Legitimationsgrundlage rassistischer Ideologien sowohl in kolonialen als auch in nationalsozialistischen Kontexten diente, sind es im Video nicht mehr die Schädel rassifizierter Menschen, die vermessen werden. Stattdessen zeichnen Laser gleich zu Beginn des Clips den Körper weißer, männlicher Statuen nach und deuten damit die Idee des Vermessens durch das Spiel mit der Ästhetik des Scannens um. Wie genau dieser Gegenentwurf zur Objektifizierung rassifizierter Menschen einzuordnen ist in einem Video, in dem eine Schwarze Frau Hundewelpen zur Welt bringt und von Weißen Männern wortwörtlich verzehrt wird, bleibt allerdings fraglich.

Deutschland – Rammsteins Diversity-Beitrag?

Auf die Frage, wie subversiv, emanzipatorisch oder auch progressiv Rammsteins Video letztendlich zu bewerten ist, lautet die Antwort auch an dieser Stelle wohl: Geht so. Haben etwa die afrofuturistischen Elemente mit allen Verweisen auf entsprechende Traditionslinien und Utopie-Entwürfe für sich genommen durchaus emanzipatorisches Potenzial, so ist dieses emanzipatorische Potenzial aber nicht der Gruppe Rammstein zuzuschreiben. Schließlich verweist sie eben nicht nur auf diesen Schwarzen Fluchtpunkt der Kulturproduktion, sondern immer auch auf das eigene Werk. Das Weltraum-Setting lässt nämlich nicht nur an die Schwarze Besiedlung eines neuen Planeten denken, der ein Entkommen vor den Rassismen auf der Erde bedeutet, sondern auch an Rammstein in Raumanzügen im Video zu einer anderen ‚Nationalhymne' aus dem Jahr 2004: *Amerika.*

Ganz ähnlich verhält es sich mit den zahllosen popfeministischen Zitaten im Video: Klar ist, Rammstein beherrschen in ihrem Bombast-Video zu *Deutschland* auch das Spiel mit Codes jüngerer feministischer Diskurse. An anderer Stelle wird derartige Diversity als feministische Errungenschaft im Pop gefeiert. Bei Rammstein handelt es sich jedoch bloß noch um oberflächliche Zitationen genau dieser Errungenschaften, und insbesondere der Umgang mit Commeys rassifiziertem und gegendertem Körper eröffnet auch weniger emanzipatorische Lesarten.

Es geht um die Vergangenheit und um eine potenzielle Zukunft, die in der Gegenwart für Irritationen sorgt. Es wäre also zu kurz gedacht, die subversiven Sub- und Intertexte Rammstein als Band zuzuschreiben. Rammstein erfinden das Rad nicht neu, sondern machen, was Pop nun mal so macht: Sie zitieren. Während ein Zitat im Pop durchaus als Hommage, zumindest aber als Traditionsverhalten gelten kann, ist es bei Rammstein so, dass sie den ursprünglich mal emanzipatorischen Projekten (Afrofuturismus, Gagas Fleischkleid, Cross-Dressing, Queen Beys Feier von *Blackness* etc.) die Agency entziehen, indem sie sie in ihre auf die Schlagzeile, auf die Provokation hin angelegte Arbeit einbinden. Das Paradigma, dass sich hier bildet, ist dann eben nicht Popfeminismus oder Black Power, wie es im Pop durchaus politisch platziert, diskutiert und etabliert werden konnte, sondern teutonische Hypermaskulinität, die neben dem *Deutschland*-Video auch die Montage der Arbeit von Leni Riefenstahl im Video zu *Stripped,* Till Lindemanns Pornofilme, seine gewaltgesättigten Gedichte sowie das Spiel Rammsteins mit rechter Symbolik umfasst.

Nation

Rammsteins Song heißt nicht ohne Grund *Deutschland.* Im Song sowie in dem monumentalen Video steht eine Frage bei aller Vielschichtigkeit und Ambiguität unzweifelhaft im Zentrum: die Frage nach der deutschen Identität. Rammstein setzen sich sowohl textlich, musikalisch als auch visuell mit ihrem Verhältnis zur deutschen Nation auseinander und reflektieren dabei gleichzeitig die (Un)möglichkeit und die Gefahr von nationalen und nationalistischen Identifikationen. In diesem Kapitel möchten wir daher das Politische in Rammsteins *Deutschland* aus der Perspektive nationaler Identitätskonstruktionen in den Blick nehmen und insbesondere Deutschland als nationales Narrativ ausführlich diskutieren. Dabei wird deutlich werden, dass Rammstein sich zum einen von nationalen Narrativen abgrenzen, welche die Nation als gesellschaftlich sedimentiert und ‚natürlich' definieren, ohne diese in Frage zu stellen.

K. Wilhelms et al., *Rammsteins „Deutschland"*, Essays zur Gegenwartsästhetik,
https://doi.org/10.1007/978-3-662-64766-0_8

Zum anderen grenzen sie sich aber ebenso von rechtspopulistischen und -extremen nationalistischen Narrativen ab, die für eine Rückkehr zu deutschen Ursprungsmythen, Traditionen und Werten plädieren und die Nation durch die (Migrations-)Politik der sogenannten ‚gesellschaftlichen Eliten' in Gefahr wähnen. Rammstein präsentieren demgegenüber ein alternatives nationales Narrativ, welches Deutschland und die Fragen nach nationaler Vergangenheit und Identität wieder zum Thema macht und gleichzeitig nationale Mythen dekonstruiert. Damit eröffnet *Deutschland* die Möglichkeit, nationalen Zeichen neue Bedeutungen zukommen zu lassen, alternative Narrative erzählen und alternative nationale Gemeinschaften imaginieren zu können.

Nationen sind, wie wir spätestens seit der wegweisenden Arbeit des amerikanischen Politikwissenschaftlers Benedict Anderson wissen, soziale Konstrukte oder „imagined communities" mit fiktiv-performativem Charakter (Anderson 1991). Moderne Nationen, so Anderson, basieren auf der gemeinschaftlichen Vorstellung von Zusammengehörigkeit derjenigen, die sich als Teil der Nation verstehen. Dabei basiert die imaginierte Gemeinschaft auf einer geteilten nationalen Zeitlichkeit, welche „unverbundene Menschen in einem differenzierten Raum [findet], welche dieselbe Zeit einnehmen" (Finlayson 2012, S. 276, eigene Übersetzung). Diese ‚Gleichzeitigkeit' der Nation ist für Anderson entscheidend, wie seine Beschreibung der Vorstellung von Nation zeigt: „The idea of a sociological organism moving calendrically through homogeneous, empty time is a precise analogue of the idea of the nation, which also is conceived as a solid community moving steadily down (or up) history" (ebd., S. 26). Dabei wird die Nation, die sich in der gemeinsamen Vorstellung als Gemeinschaft einheitlich durch die Geschichte bewegt, als ahistorisch und permanent imaginiert (Anderson 1991, S. 11–12). Der postkoloniale Theoretiker Homi Bhabha argumentiert darüber hinaus, dass die Nation durch „nationale Narrative“ konstruiert und imaginiert wird; er versteht die Nation in diesem Sinne als „narrative Strategie“ (Bhabha 1994). Der Philosoph Etienne Balibar bestätigt diesen fiktiv-performativen Charakter der Nation ganz ähnlich, wenn er davon spricht, dass es „die Leute“ („the people“) sind, die „sich selbst als Nation produzieren“; er hebt dabei hervor, dass die gemeinschaftliche Nation immer auch auf einer „retrospektiven Illusion“ basiert (Balibar 1991). Diese beinhaltet einen Ursprungsmythos, ein kollektiv Erlebtes (‚unsere Geschichte‘); nationale Narrative basieren also immer auf Gründungsmythen und gemeinsamen Erfahrungen, ebenso aber auf dem gemeinsamen Vergessen von nationalen Grausamkeiten (und Traumata) (Renan 1990). Einerseits ist für die Konstitution der Nation in nationalen Narrativen also, was (und wie) erzählt wird, genauso wichtig wie das, was nicht erzählt, sondern vergessen wird.

Populäre Kultur sowie populäre Musik spielen in der Konstruktion von kollektiven Identitäten – wie eben jenen nationalen „imagined communities“ – eine große Rolle. Populäre Kultur ist eine der „Arenen“, in denen „die Leute konstituiert werden“ (Hall 2011) bzw. sich selbst konstituieren (Balibar 1991) – in denen also Identifikationsangebote gemacht werden, Diskurse und Identitäten verhandelt, bestätigt oder neu gedacht werden (Connell und Gibson 2003; Edensor 2002; Frith 1996). Die Nation als sozial konstruierte Einheit wird durch Musik dargestellt, repräsentiert und gefeiert: Nicht umsonst sieht Anderson das gleichzeitige Singen der Nationalhymne als stärkstes Bindeglied der Nation: „Nothing connects us all, but imagined sound.“ (Anderson 1991, S. 6) Die Nation wird aber auch in und durch Musik hinterfragt, kritisiert und durch performative Musikpraktiken transformiert (Schiller 2020a). Populäre Musik als Alltagskultur (DeNora 2002) kann ein Element des alltäglichen „Flaggens“, d. h. des performativen Ausstellens nationaler Identität (Billig 1995) sein und spielt dabei eine wichtige Rolle im Erzählen und Aushandeln der Nation. Rammsteins *Deutschland* ist für nationale Aushandlungsprozesse ein Paradebeispiel, wie nicht zuletzt auch die breite mediale und gesellschaftliche Aufmerksamkeit zeigt, die der Song bekommen hat (siehe ausführlicher im Kapitel „Rezeption“). Doch was für ein nationales Narrativ erzählen Rammstein, wie verhält sich *Deutschland* zu anderen zeitgenössischen nationalen Narrativen und inwiefern kann man den Song damit als politisch verstehen?

Um diese Fragen zu klären, muss noch einmal auf den Begriff des Politischen eingegangen werden. Mit Chantal Mouffe (2007) machen wir einen Unterschied zwischen „dem empirischen Gebiet der ‚Politik‘“ (ebd., S. 15) und dem Politischen, worunter sie z. B. gesellschaftliche Debatten oder Fragen nach der Organisation der Gesellschaft fasst (ebd., S. 16). Mouffe macht aber noch einen weiteren wichtigen Unterschied: Den zwischen dem Politischen und dem Gesellschaftlichen. Das Gesellschaftliche ist in Mouffes Verständnis das, was in einer Gesellschaft als natürlich erfahren wird und nicht (mehr) hinterfragt wird, das, was gesellschaftlich sedimentiert ist (ebd., S. 26). Politisch ist dagegen in Mouffes Verständnis, was dieses Gesellschaftliche, vorgeblich Natürliche, in Frage stellt und (ausgeschlossene) Alternativen anbietet, also die hegemonialen Verfahrensweisen der bestehenden Ordnung in Frage stellt. Rammsteins *Deutschland* kann in diesem Sinne als politisch verstanden werden, da es ein alternatives nationales Narrativ präsentiert, das gegenwärtige gesellschaftliche Diskurse anzweifelt und hinterfragt.

Die Nation als gesellschaftlich-sedimentierter Diskurs im Pop

Wenn wir den gegenwärtigen deutschen Musikdiskurs mit Blick auf die deutsche nationale Identität betrachten, dann lassen sich vor allem zwei einander gegenüberstehende Positionen identifizieren: Die einer gesellschaftlichen Sedimentierung der Nation im Pop einerseits und die der zunehmenden Popularisierung und gleichzeitigen Radikalisierung national(istisch)er Diskurse andererseits.

Wie an anderer Stelle ausführlicher ausgeführt, hat populäre Musik in Deutschland spätestens seit dem Ende des Zweiten Weltkriegs ein ambivalentes Verhältnis zur Nation (Schiller 2020a). Im Laufe popmusikalischer Auseinandersetzung mit der deutschen Nation im Pop zeichnete sich bis Ende der 1990er-Jahre vor allem ein Bild der Ambiguität ab: ein Spielen mit Doppeldeutigkeiten, mit ironischer Distanzierung und teils expliziter Abgrenzung von nationalistischen Diskursen. Anfang des neuen Millenniums hingegen begann sich dieses – hier freilich arg verknappt dargestellte – ambivalente Verhältnis von deutschem Pop zur Nation diskursiv zu verschieben. Mit einer Reihe kommerziell erfolgreicher deutschsprachiger Pop-Interpret:innen wie Wir sind Helden, Juli und Silbermond wurde in den frühen 2000ern wieder von einer Neuen Deutschen Welle gesprochen. Mit ihrem erfolgreichen deutschsprachigen Pop, der sich zum größten Teil nicht explizit mit Fragen der deutschen Identität beschäftigte, lösten diese Künstler:innen dennoch eine breite gesellschaftliche Debatte aus, die

die Frage stellte, ob sich das Verhältnis der Deutschen zur nationalen Vergangenheit nun (endlich) entspannen könne. Im Zusammenhang mit der gleichzeitig stattfindenden ‚Quotendiskussion' (über ein Mindestmaß an deutschsprachiger Musik im öffentlich-rechtlichen Radio) sowie der kurz darauf folgenden Fußballweltmeisterschaft in Deutschland (2006) wurde medial sehr umfangreich diskutiert, ob ein Pop-Nationalismus und gesellschaftlicher ‚Hurra-Patriotismus' der deutschen Nation angemessen sei, und es wurde aktiv gegen die ‚Deutschtümelei' von neuem deutschen Pop mobilisiert (ebd.).

Zum Zeitpunkt der Veröffentlichung von Rammsteins *Deutschland,* rund 15 Jahre nach diesen einschneidenden Debatten, sind die deutschen Musikcharts dominiert von deutschsprachiger Popmusik, und im Gegensatz zu den frühen 2000ern scheint die deutsche Nation in der Musik erfolgreicher Künstler:innen wie Mark Forster, Clueso oder Tim Benzko kein umstrittenes Thema mehr zu sein. In Andreas Bouranis *Auf uns* (2014) oder Max Giesingers *80 Mio.* (2016) – beides banal-nationalistische Hymnen (Billig 1995) – ist es z. B. ‚völlig natürlich', dass die Nation der einzig mögliche Rahmen für persönliches und gemeinschaftliches Glück und die Liebe ist (Schiller/de Kloet 2020). Alternativen sind in diesem Kosmos gar nicht (mehr) denkbar. Während aber deutsche Popkünstler:innen in den frühen 2000ern noch – teils wegen der Sprachwahl, teils aufgrund expliziter positiver Bezüge auf die Nation – stark kritisiert wurden, spricht bei Giesinger und Co. niemand mehr von ‚Deutschtümelei' (ebd., S. 96). Die Nation ist im Pop naturalisiert und damit in Mouffes Sinne gesellschaftlich geworden.

Rechtspopulismus und Nationalismus im zeitgenössischen Pop

Andererseits sehen wir entgegengesetzt zur gesellschaftlichen Sedimentierung der Nation auch eine Radikalisierung von Rechtspopulismus, Nationalismus und Rechtsextremismus im Pop. Mit kommerziell sehr erfolgreichen Bands und Künstler:innen wie den Südtiroler Deutschrockern Frei.Wild, dem österreichischen selbsternannten „Volks Rock'n'Roller" Andreas Gabalier und dem Gangsta-Rapper Kollegah finden sich im deutschen Mainstream eine ganze Reihe von populären Musikern die sich medienwirksam als patriotisch inszenieren und dabei rechtspopulistische Diskurse vorantreiben. Damit sind „far-right pop singer" (Rheindorf und Wodak 2019), die mit nationalistisch und völkisch geprägten Texten (Kuban 2012), ‚Blut und Boden'-Motiven sowie rechtspopulistischen Topoi (Dunkel, Schiller und Schwenck 2021) antisemitische Verschwörungstheorien und ein autoritär-maskulines Weltbild bedienen, im musikalischen Mainstream angekommen. Auch wenn diese Künstler mit ihren nationalistischen Pop-Narrativen umstritten sind, so lassen sich deren kommerzieller Erfolg und ubiquitäre Medienpräsenz nicht bestreiten.

Noch einen Schritt weiter gehen dabei identitäre und Nazi-Rapper, die als rechtsextrem einzustufen sind, wie Chris Ares, Komplott oder Prototyp. So hat Chris Ares beispielsweise enge Verknüpfungen zur AfD, gilt als der „Posterboy der Identitären Bewegung" (Spiegel 2019) und hat es mit seinem explizit rechtsextremen Rap gemeinsam mit Prototyp in die Charts geschafft (Sommer 2019; Fleischmann 2019). In seiner Musik rappt Ares mit völkischer Lyrik unter anderem über den

„großen Austausch“, die (Rück-)Eroberung der Welt und eine „Rückkehr der Germanen“. Laut eigener Aussage will Ares mit seiner Musik „den linken Meinungskorridor […] verschieben“ und „Ehre, Stolz, Loyalität […] und Heimatliebe“ vermitteln (MTV 2019). Auch wenn solcher Rechtsrap inzwischen von den meisten Streaming-Plattformen gelöscht wurde (und damit nicht mehr in offiziellen Verkaufscharts auftauchen kann), hat sich mit Xavier Naidoo, einem weiteren erfolgreichen Mainstreamkünstler mit rechtspopulistischen Inhalten (Dunkel, Schiller und Schwenck 2021), ein prominenter Unterstützer Chris Ares' zu Wort gemeldet und eine gemeinsame Zusammenarbeit nicht ausgeschlossen (Chaoze One 2020).

Insgesamt lässt sich also festhalten, dass Deutschland einerseits im Pop gesellschaftlich sedimentiert und naturalisiert ist, und andererseits, dass Pop zunehmend von nationalistischen, teils rechtspopulistischen (bis zu rechtsextremen) Diskursen geprägt ist. In keinem dieser beiden dominanten Diskurse wird also die Nation als Kategorie, nationale Identifikation, Einheit und Gemeinschaft in Frage gestellt. Während in gesellschaftlich sedimentierten Popdiskursen als banal-nationalistischen Narrativen wie Giesingers *80 Mio.* oder Bouranis *Auf Uns* Deutschland kein Thema mehr ist (und dabei gleichzeitig die Nation reproduziert wird), konzentriert sich der rechtspopulistisch-nationalistische Diskurs auf das Beschwören einer vermeintlich besseren, teils glorreichen, mythischen Vergangenheit, basierend auf ‚Blut und Boden‘, Tradition und nationaler Geschichte als Ressource für Nationalstolz.

Der Historiker Gideon Botsch hat den gegenwärtigen Nationalismus, unter anderem mit direktem Bezug auf Andreas Gabalier, unlängst als „rekonstruktiven Nationalismus“ beschrieben: Es geht diesem Nationalismus vorrangig darum, „migrationsbedingte Veränderungen rückgängig zu machen und die Rechte und Vorrechte des Nationalstaats möglichst umfangreich wiederherzustellen“ (Botsch 2020, S. 22). Kennzeichnend ist aus dieser Sicht also die „rekonstruktive“ (ebd., S. 21) Ausrichtung des Nationalismus im Pop, der eine Rückkehr zu einer mystifizierten, vermeintlich besseren Vergangenheit propagiert, ohne dabei Zukunftsvisionen oder Utopien anzubieten. In dieser Gegensätzlichkeit zwischen gesellschaftlicher Sedimentierung und rekonstruktivem Nationalismus zeichnet sich somit ein Kernelement nationaler Narrative ab, nämlich das der komplexen zeitlichen Konstruktion der Nation als narrativ imaginierter Gemeinschaft.

Laut Bhabha sind nationale Narrative damit nicht, wie Anderson behauptet, ‚gleichzeitig‘ und homogen, sondern disjunktiv und ambivalent (Bhabha 1994, S. 141). Weder nationale Zeitlichkeit noch Räumlichkeit sind horizontal, vielmehr identifiziert Bhabha vor allem zwei „gespaltene“ und auseinanderdriftende Zeitlichkeiten (ebd., S. 142): einerseits die „pädagogischen“ Narrative, welche sich auf die (Re-)konstruktion einer in der geteilten Vergangenheit verankerten, einheitlichen und unveränderlichen nationalen Identität konzentrieren und sich auf Ursprungsmythen sowie Traditionen einer gemeinschaftlichen Geschichte als verbindende Elemente der nationalen Gemeinschaft richten, und andererseits die „performativen“ Narrative, die aus der Gegenwart heraus die Nation immer wieder neu verhandeln (ebd., S. 147–148). Während sich die „pädagogischen“ Narrative also auf die Gemeinschaft stiftende Vergangenheit richten, und die „performativen“ aus der Gegenwart heraus die Nation immer wieder neu verhandeln (ebd., S. 147–148). Diese beiden Narrative müssen aber um eine weitere zeitliche Ebene ergänzt werden. Denn während sich die „pädagogischen" Narrative also auf die Gemeinschaft stiftende Vergangenheit richten, und die „performativen" sich auf die Gegenwart konzentrierten, in denen die Nation (vielleicht stillschweigend) reproduziert wird, beinhaltet die „melancholische" Zeitlichkeit als dritte zeitliche Ebene den Kollaps des Unterschiedes zwischen Vergangenheit (Rekonstruktion) und Gegenwart (Reproduktion) in nationalen Narrativen (Schiller 2020a, S. 11). Auf der „melancholischen" Ebene werden die durch traumatische Erfahrungen der Nation unterdrückten und vermeintlich (absichtlich) ‚vergessenen' Elemente der Vergangenheit denen der Gegenwart zeitlich gleichgesetzt, wobei Vergangenheit und Gegenwart im Zustand der nationalen Melancholie verschmelzen (ebd., S. 16). In der melancholischen Dimension nationaler Narrative tauchen also unterdrückte und destabilisierende Elemente nationaler Vergangenheit in der Gegenwart wieder auf und verweisen damit immer (wieder) auf die inhärent instabile und fragile narrative Konstruktion der Nation als narrative Strategie (ebd., S. 20–21). Hier zeigen sich also vergessene oder der Vergangenheit zugeschriebene nationale Traumata als immer schon elementare Bestandteile der Gegenwart, wie in Timur Vermes (2012) satirischem Roman die Figur des Adolf Hitler plötzlich im Deutschland der Gegenwart „wieder da" ist.

Rammsteins *Deutschland* als nationales Narrativ

Rammstein präsentieren in *Deutschland* ein spektakuläres nationales Narrativ, in dem die Nation einerseits zum Thema gemacht wird, aber andererseits auch eine andere Perspektive auf die Nation präsentiert wird. Sie eröffnen eine Erzählung jenseits der beiden diskursiven Gegensätze der ‚Vergesellschaftlichung' der Nation einerseits und der Radikalisierung bzw. des performativ-reproduktiven oder pädagogisch-rekonstruktiven Narrativs andererseits. Rammstein erzählen stattdessen selbst-reflexiv ein nationales Narrativ, welches sowohl den gesellschaftlichen als auch den ‚radikalisierten' Pop-Nationalismus in Frage stellt, indem es zwar explizit Bezug nimmt auf bekannte Elemente nationaler Geschichte, diese aber gleichzeitig dekonstruiert.

Rammstein gehen in *Deutschland* auf eine Spurensuche nach den Fossilen, Zeichen und Hieroglyphen der deutschen Geschichte, in einer Archäologie, einer Ausmessung, einer Erkundung in den Ruinen der nationalen Vergangenheit. Diese augenscheinlich ‚historisch-suchende' Orientierung legt zunächst ein pädagogisch-rekonstruktives Narrativ nahe, doch was im Video gezeigt wird, ist nicht aufbauend, sondern vor allem hässlich: Bilder der Gewalt, Zerstörung, des Grotesken und des Bösen. Auch sehen wir kein chronologisches Narrativ ‚unserer (gemeinsamen und verbindenden) Geschichte' einer Nation die sich „calendrically through homogeneous, empty time" (Anderson 1991, S. 11–12) bewegt, sondern wir sehen eine Vielzahl an historisch konnotierten Zeichen, die in einer zeitlichen und narrativen ‚Collage' zusammengeführt werden. Wir sehen keine Erfolgsgeschichte, keine Rekonstruktion früherer oder nationalmythischer Heldentaten, sondern es wird eine Geschichte der Bedrohung, der Gewalt, der Angst und der Gefahr präsentiert. Nationale Ursprungsmythen (wie auch die von Chris Ares ‚mobilisierten' Germanen) werden dabei nicht als heroisch und Nationalstolz-konstitutiv präsentiert, sondern als gewalttätig und destruktiv. Auch der Holocaust wird in diesem Narrativ explizit dargestellt und damit nicht ‚vergessen'. Wir sehen gar eine Ermächtigung der Holocaust-Opfer, die sich an den Täter:innen rächen und zurückschießen, während die Nation symbolisiert wird durch eine Schwarze Frau „Germania“ (siehe ausführlicher im Kapitel „Race & Gender“). Dabei wird diese Neumontage der Bilder, Zeichen und Fossilien unter den Vorzeichen der Ironie und der Auflösung von Eindeutigkeit vorgenommen, und bringt auf diese Weise eine ambivalente, vieldeutige Erzählung hervor (Godioli, Kiss und Schiller, im Erscheinen). Eine eindeutige (chronologische) Zeitlichkeit der gemeinsamen (nationalen) Erfahrung oder Geschichte wird im Video in Form einer audiovisuellen Collage unterminiert durch eine Parallelmontage und schnelle Kreuzschnitte, während unterschiedliche Mythen nebeneinander gestellt, aus Kontexten gerissen und gleichwertig gemacht werden (siehe ausführlicher im Kapitel „Geschichte“). Diese Herauslösung aus ursprünglichen Kontexten kann nicht nur als ‚flache Vergangenheit‘ interpretiert werden, sondern vor allem auch als eine Neuanordnung nationaler Mythen, deren Bedeutungen also erst disartikuliert werden, womit nationale Zeichen durch Reartikulation im Anschluss neue Bedeutungen bekommen können (Rancière 2011), während distinkte zeitliche Ebenen (Vergangenheit/Gegenwart) in diesem Narrativ kollabieren: Rammstein erzählen ein melancholisches nationales Narrativ (Schiller 2020b).

Dieser Akt der Destruktion und Neuartikulation nationaler Mythen in Form eines alternativen Narrativs mit Bezug auf die nationale Vergangenheit kann als eine kritische Positionierung gegen aktuell bestehende hegemoniale Realitäten (wie die dominanten Reproduktionen und Rekonstruktionen der Nation im Pop-Diskurs) verstanden werden. Eine solche Praxis bietet die Möglichkeit des Erwachsens einer alternativen Gegenwart. Jacques Rancière beschreibt beispielsweise, wie insbesondere der Dokumentarfilm in seiner Form als experimentelle und alternative Fiktion Realitäten kritisch befragen, problematisieren und emanzipativ ausweiten kann. Der Dokumentarfilm wird von Rancière dabei verstanden als ein Medium des fiktionalen Erinnerns, welches zwar in seinem Inhalt Bezug nimmt auf vermeintlich Reales, aber gleichzeitig eine abweichende Geschichtsschreibung ermöglicht, indem er „für sich das Recht in Anspruch nimmt, die Bedeutungen frei zu kombinieren, die Bilder noch einmal zu sichten, sie anders und wieder neu zu arrangieren, ihre Ausdruckskraft entweder auszuweiten oder einzuschränken" (Rancière 1999, S. 31). Rammsteins *Deutschland* kann in diesem Sinne als melancholische narrative Collage neu arrangierter geschichtlicher Zeichen verstanden werden. Eine solche Praxis erinnert an Michel Foucaults archäologische Methode, die das geschichtliche Dokument nicht als „zerbrechliche, glücklicherweise aber entzifferbare Spur", sondern als ein „von innen her" aktiv zu bearbeitendes und zu organisierendes „dokumentarisches Gewebe" auffasst (Foucault 1981, S. 14 f.). Foucaults Archäologie versteht Geschichtsschreibung somit als das Verfahren einer „Gesellschaft, einer dokumentarischen Masse, von der sie sich nicht trennt, Gesetz und Ausarbeitung zu geben" (ebd., S. 15). Geschichtsschreibung meint hier also „keine aus der Distanz zurückblickende Rekonstruktion, sondern ein konstruktives und involviertes Unterfangen, das in politischer Absicht aus dem Hier und Jetzt heraus agiert" (Ines Kleesattel 2016, S. 123).

Rammsteins *Deutschland* kann somit als politisch verstanden werden: Während im heutigen Pop-Kontext die Eindeutigkeit der Nation (etwa im reproduktiv banal-nationalistischen Pop à la Max Giesinger oder im radikal-rekonstruktiven Nationalismus à la Andreas Gabalier oder Chris Ares) nicht (mehr) in Frage gestellt wird, präsentieren Rammstein hier ein Gegen-Narrativ zu den nationalen Mythen, zu Eindeutigkeiten, Chronologie und ‚Natürlichkeit' der Nation. Rammsteins *Deutschland* ist also ein anti-nationalistisches nationales Narrativ, das als Gegen-Narrativ zu den dominanten Diskursen zur deutschen Nation fungiert: *Deutschland* ist politisch, weil es die Nation einerseits ‚ent-naturalisiert' (und nicht als ‚natürlichen Rahmen' annimmt, sondern aus der gesellschaftlichen Sedimentierung herausholt und wieder zur Diskussion stellt), und andererseits, weil es nationalistische Mythen ad absurdum führt und „pädagogische" Narrative als immer schon ‚retrospektive Illusionen' entlarvt.

Gefühle

Am 26. März 2019 erschien ein 35 Sekunden langer Teaser zum *Deutschland*-Video, der die Szene zeigt, in der Musiker von Rammstein mit Schlingen um den Hals in gestreifter Häftlingskleidung und Judensternen am Galgen stehen. Die Reaktion der Öffentlichkeit war eindeutig: Empörung! (vgl. dpa 2019b) Im wenige Tage später in voller Länge veröffentlichten Song besingen Rammstein jedoch mit ihrer ambivalenten Hassliebe ganz andere Gefühle. Anlass genug, sich *Deutschland* einmal aus wirkungsästhetischer Perspektive zu nähern und zu fragen, wie verschiedene Emotionen angesteuert werden und ob dies *Deutschland* zu einem politischen Kunstwerk macht. In diesem Kapitel werden also die Affektstrategien in *Deutschland* untersucht, um dann im folgenden Kapitel eine Rezeptionsanalyse anzuschließen.

K. Wilhelms et al., *Rammsteins „Deutschland"*, Essays zur Gegenwartsästhetik, https://doi.org/10.1007/978-3-662-64766-0_9

Rammsteins Liebe

„Ein lauter Schrei nach Liebe“, so bezeichnete Jens Balzer in der *Zeit* Rammsteins neueste Veröffentlichung (Balzer 2019). Tatsächlich ist die Liebe dasjenige Gefühl, das im Text mehrfach genannt wird und nach dem sich das lyrische Ich scheinbar sehnt:

> Deutschland, mein Herz in Flammen
> Will dich lieben und verdammen
> Deutschland, dein Atem kalt
> So jung und doch so alt
> Deutschland, deine Liebe
> Ist Fluch und Segen
> Deutschland, meine Liebe
> Kann ich dir nicht geben
> Deutschland!

In Verbindung mit Liebe taucht das topische Motiv des flammenden Herzens auf, das nicht nur kitschig-campig auf bekanntes Arsenal der Liebesdarstellungen zurückgreift, sondern hier auch auf Rammsteins spezifische Flammenwerfer-Ästhetik verweist. Über ein flammendes Herz verfügen sowohl das lyrische Ich als auch das „Du“, dem jedoch zugleich ein kalter Atem attestiert wird („Dein Atem kalt [so kalt, so kalt, so kalt]/Das Herz in Flammen [so heiß, so heiß, so heiß]“. Dieses Oxymoron aus kaltem Atem und flammendem Herzen stellt die Ambivalenz dar, mit der das Ich seiner personifizierten Heimat begegnet. Die Verbindung von Ich und Du durch das flammende Herz wird durch die Gegenüberstellung der gleichen Gefühle weiter ausgebaut, die beim Ich jedoch nur in Form einer Möglichkeit auftreten können: „Man kann dich lieben (du liebst, du liebst, du liebst) / Und will dich hassen (du hasst, du hasst, du hasst)“. Die „man“-Formulierung zeigt an, dass die individuelle Perspektive des Ichs zugunsten einer allgemeingültigen Beschreibung des Vermögens, Deutschland zu lieben oder zu hassen, aufgegeben wird. Beide, Hass und Liebe, scheinen nicht recht möglich, werden durch die Modalverben ‚können‘ und ‚wollen‘ in den Bereich des Potenziellen verlegt, das sich aber nicht realisiert. Im Gegensatz zum Du, das einfach liebt und hasst, auch wenn nicht gesagt wird, wen. In diesem Limbo also bewegt sich das Ich, pointiert formuliert im Refrain (s. o.). Es geht um eine Sehnsucht nach Identifikation, nach vollständiger Affirmation der Nation, doch das Objekt der Liebe ist derart widerständig, dass das grundsätzlich vorhandene Potenzial zu lieben im Bereich des Hypothetischen bleiben muss.

Im dazugehörigen Video, das am 29. März 2019 in voller Länge veröffentlicht wurde, wird diese ambivalente Liebesbeziehung performativ durchgestrichen und mit Gefühlen von Ekel und Abscheu überschrieben. Deutschland, verkörpert von der afrodeutschen Schauspielerin Ruby Commey (siehe ausführlicher im Kapitel „Race & Gender“), figuriert allerdings keine Liebessehnsucht, vom „Segen“ dieser Liebe ist kaum noch etwas zu spüren, ihr „Fluch“ scheint hier deutlicher im Fokus zu stehen: Germania ist eine Barbarin, eine Clanchefin, ein Nazi, eine Tyrannin. Die Hassliebe, die das lyrische Ich im Songtext bewältigen muss, wird im Video also zugunsten negativer Gefühle aufgelöst. Damit kehren Rammstein jene Affektdynamik des Politischen um, die die Philosophin und Rechtswissenschaftlerin Martha Nussbaum beschreibt.

Für Nussbaum kann die Liebe zur Nation Menschen einen und auf gemeinsame, positive Werte festlegen (vgl. Nussbaum 2014, S. 315–317). Zentral hierfür ist das Mitgefühl, das durch konkrete Narrative und Figuren etabliert wird und möglichst große Teile der Weltbevölkerung umfassen soll (vgl. ebd., S. 319). Denn das Mitgefühl ist das sicherste Mittel gegen dasjenige Gefühl, das die Menschen spaltet: Abscheu. Wer Abscheu gegen eine Menschengruppe empfindet, kann sie nicht lieben, ihre Werte nicht teilen und sich nicht mit ihnen identifizieren (vgl. ebd., S. 321). Hier ruht das Potenzial für schlechten Patriotismus, der ausgrenzend, gewaltsam assimilierend und homogenisierend operiert (vgl. ebd., S. 315).

Indem Rammstein mit dem Video hauptsächlich das Gefühl von Abscheu ansteuern, arbeiten sie der Nussbaum'schen Logik zuwider. Sie schüren Ekel und Abscheu vor der eigenen Nation, „Deutschland", und streichen damit den im Songtext ausgedrückten Wunsch nach Liebe durch. Das Ergebnis ist die Auflösung der Identifikation, die Distanzierung von der abscheulichen Nation, die man nun wirklich nicht lieben kann.

Das Video suggeriert, dass eine Distanzierung von ‚Deutschland' erst einmal nötig ist und performativ hergestellt werden muss, um die Position der ambivalenten Hassliebe des lyrischen Ichs einnehmen zu können. Damit konstruiert *Deutschland* ein Publikum, das diese Operation zunächst vollziehen muss. Dass damit ein bestimmter Teil der Fangemeinde gemeint ist, wird deutlich, indem in *Deutschland* an verschiedenen Stellen auf andere Rammstein-Werke verwiesen wird (siehe ausführlicher im Kapitel „Zitate, Bezüge und Verweise"). Diese Referenzen auf das eigene Rammstein-Universum konstituieren eine In-Group, die die Verweise versteht und dadurch eine intertextuelle Lesart entwickelt, die den Text und das Video innerhalb der Rammstein-Produktion verortet (siehe ausführlicher im Kapitel „Pop-Ästhetik"). Für sie ist *Deutschland* die Zuspitzung einer Ambivalenz und einer Debatte darum, ob Rammstein rechtsradikal-national sind oder sich zumindest nicht ausreichend gegen solche Lesarten wappnen. Die in *Deutschland* artikulierte Hassliebe zur eigenen Nation könnte vor diesem Hintergrund als Ausdruck oder sogar als Beilegung dieser Ambivalenz begriffen werden, denn „meine Liebe kann ich dir nicht geben".

Zugleich aber werden Lesarten angeregt, die die Out-Group auf den Plan rufen soll. Nicht in Form von identifikatorischen Lesarten wie die der In-Group, sondern als gezielter Skandal, als Provokation.

Skandal!

Der Teaser, der zwei Tage vor dem Video veröffentlicht wurde, war eine kalkulierte Provokation. In dem kurzen Ausschnitt fährt die Kamera an den Gesichtern der nebeneinander aufgestellten Bandmitglieder entlang, die jeweils eine Schlinge um den Hals tragen und in schwarz-weißer Häftlingskleidung mit aufgenähtem Judenstern und rosa Winkel kostümiert sind. Die düstere, in Grau gehaltene Szenerie knüpft an bekannte filmische KZ-Darstellungen an. Am Ende der Kamerafahrt wird der Titel „Deutschland" in „frakturähnlicher" (o.A. [*FAZ online*] 2019) Schrift eingeblendet, darunter in lateinischen Ziffern „28.03.2019", das Datum des Video-Releases.

Diese „frakturähnliche" Schrift kann als Referenz auf NS-Propaganda kaum missverstanden werden. Die Schrift wird hier mit dem Rammstein-Logo kombiniert, das für die vier Bandmitglieder steht, die sich nur wenige Sekunden zuvor als Opfer des Holocausts stilisiert haben. Allein die Darstellung der Bandmitglieder ist schon skandalös genug, jeder Vergleich von Deutschen mit Opfern des sogenannten Dritten Reichs wird mit an Sicherheit grenzender Wahrscheinlichkeit sozial sanktioniert (vgl. Lehming 2020), doch die zusätzliche Kombination mit der Täterseite bricht vollständig mit dem Code des Gedenkens an den Holocaust, denn man kann nicht gleichzeitig Nazi und Jude, Täter und Opfer sein. Dies wird zum „Stein des Anstoßes" (Blasberg 2007), Skandalon – ein kalkuliert eingesetzter Effekt zur Produktion von Aufmerksamkeit.

Der Skandal ist ein komplexes „soziales Ereignis" (Käsler 1991, S. 13; vgl. Blasberg 2007), das sich vor allem durch die und in der medialen Berichterstattung materialisiert (vgl. Blasberg 2007). Skandale sind öffentliche Prozesse, die ausgehend von einem Tabubruch „Störpotenzial" entfalten, das aber nicht die Veränderung, sondern die Bestätigung der Geltung sozialer Normen zeitigt (ebd.). Die Darstellung von Deutschen als Holocaust-Opfer bei gleichzeitiger Verknüpfung mit Symbolen der NS-Propaganda ist ein solcher Tabubruch mit Störpotenzial. Er garantiert die Aufmerksamkeit der Skandalisierer:innen, also der Akteure „sensationsorientierter Berichterstattung" (ebd.), hat aber nicht zum Ziel, solche Recodierungen hoffähig zu machen. Die Kurzfristigkeit der Störung wird sogar terminiert: „28.03.2019", zwei Tage, so lange soll der Skandal dauern bis der Song und das komplette Video erscheinen und sich die Wogen voraussichtlich glätten. So ist denn auch die Kommunikation der Out-Group zum *Deutschland*-Teaser zu verstehen. Eine Welle der Empörung bricht los und verkündet performativ die Normen, die verletzt wurden, z. B. Karl Freller, Direktor der Stiftung Bayerische Gedenkstätten: „Das Leid und die Unmenschlichkeit des Holocaust verbieten sich für Werbezwecke oder Effekthascherei zur Bekanntmachung von Produkten ganz gleich welcher Art – in diesem Fall wohl ein neues Musikalbum" (o.A. [*BILD online*] 2019).

Anhand der Kommunikation um den Rammstein-Teaser wird deutlich, dass der Skandal die Mechanismen kenntlich macht, die die gesellschaftliche Ordnung in Form von vielfältigen machtvollen Handlungen aufrechterhalten. So sprechen beispielsweise Felix Klein und Charlotte Knobloch von einer „roten Linie", die überschritten wurde (ebd.), und sagen damit nichts anderes, als dass sie in der Position sind zu verkünden, wo diese Grenze verläuft. Der Skandal setzt also überhaupt erst performativ diejenige Grenze ein, die durch das Skandalon überschritten wird. Die Überschreitung wird zum Skandalon, um allgemeine Empörung auszulösen. Denn Empörung ist derjenige Affekt, der mit dem Skandal eng verknüpft ist (vgl. Blasberg 2007). Empörung ist nämlich ebenso ein revolutionäres und zugleich restitutives Gefühl, wie der Skandal eine diskursive Handlung ist, die zugleich revolutionär ist, indem sie eine Grenze überschreitet, und restitutiv, indem sie die verletzte Grenze wiederherstellt.

Empört euch!

Empörung ist ein moralisches Gefühl und tritt auf, wenn eine „gemeinsame normative Basis" verletzt wird (vgl. Tugendhat 1997, S. 20 und S. 58–59). Zugleich kann der Affekt der Empörung umstürzlerische Potenziale freisetzen. Wenn beispielsweise der ehemalige französische Résistance-Kämpfer und spätere Diplomat Stéphane Hessel in seinem Pamphlet *Empört euch!* zu zivilem Ungehorsam und Widerstand gegen Kapitalismus und verfehlte Sozialpolitik aufruft, soll die Empörung Normen wieder in Kraft setzen, bzw. „bewahren", wie es gleich auf der ersten Seite heißt (Hessel 2019, S. 9), die akut verletzt werden. Das Gefühl der Empörung ist also zugleich revolutionär, indem es zu Aktivität und Engagement motiviert (vgl. ebd., S. 8–9; Walter-Jochum 2019, S. 163–164), und restitutiv, indem es darauf aus ist, etwas wieder einzurichten oder zu ‚bewahren', was abhandengekommen ist.

Empörung aktiviert, ruft zu einer Tätigkeit auf, einer Anschlusskommunikation oder einer Handlung, und ist in dieser Hinsicht ein politisches Gefühl. Denn Handeln, so Hannah Arendt, ist die zentrale Komponente des politischen Daseins. Nur wer handelt, ist politisch, nur wer handelt tritt auf „die Bühne der Welt" (Arendt 2018, S. 219 und vgl. S. 249). Dabei ist es erst einmal nicht wichtig, ob es sich um das Schaffen einer neuen politischen Ordnung oder um die Reinstallation oder das Bewahren von etwas geht. Relevant ist nur die Performanz, die durch sich selbst konstitutiv ist, nicht indem sie auf etwas gerichtet ist (vgl. ebd., S. 14–15). Wenn Rammstein hier also Empörung stiften, dann kann man ihr Kunstwerk als ein politisches betrachten, indem es Menschen dazu anregt, aktiv zu werden, auch wenn sich diese Aktivität ‚nur' auf das performative Ausstellen diskursiver Grenzziehungen bezieht.

Politische Verpuffungen

Ganz ähnlich wie Hannah Arendt geht auch Jacques Rancière davon aus, dass es für politisches Handeln nötig ist, in Erscheinung zu treten, sichtbar, hörbar, vernehmbar zu werden. „Die Politik ist die Verfassung eines spezifischen Erfahrungsraumes, indem bestimmte Objekte als gemeinsam gesetzt sind und bestimmte Subjekte als fähig angesehen werden, diese Objekte zu bestimmen und über sie zu argumentieren." (Rancière 2011, S. 13) Die Formulierung lässt durchklingen, dass diese Konstellation machtdurchtränkt ist. Denn wo bestimmte Subjekte als fähig angesehen werden zu bestimmen und zu argumentieren, ist auch klar, dass es andere Subjekte geben muss, die dazu nicht befähigt sind. Wer Zugang zu politischer Teilhabe erhält, ist Gegenstand konstanter Aushandlungen (vgl. ebd., S. 14) und wird durch eine Ordnung geregelt, die Rancière als ‚Polizei' bezeichnet (Rancière 2018, S. 39–41). ‚Politik' bezeichnet für Rancière hingegen den Moment der Dynamisierung dieser Polizei: „Die politische Aktivität konfiguriert die Aufteilung des Sinnlichen neu. Sie bringt neue Objekte und Subjekte auf die Bühne des Gemeinsamen. Sie macht sichtbar, was unsichtbar war, sie macht diejenigen als sprechende Wesen hörbar, die nur als lärmende Tiere verstanden wurden." (Rancière 2011, S. 14).

In diesem Sinne richtet sich die Frage, ob Rammsteins *Deutschland* politisch ist, darauf, ob neue Objekte und Subjekte vernehmbar werden. Sicher muss dies verneint werden. Wie gesehen, besteht das Skandalon lediglich in der Kombination von Zeichen, die schon im Bereich des Sicht- und Hörbaren sind, die sich aber gegenseitig ausschließen. Der Skandal findet innerhalb der polizeilichen Ordnung statt und dient lediglich dem performativen Ausstellen diskursiver Tabuisierungen. Das Politische verpufft zu einer bloßen Geste der Rückversicherung etablierter Konfigurationen des Sozialen. Wir müssen uns Rammstein also als ein konservatives Projekt denken.

Politisch transformierend ist Rammsteins *Deutschland* also nicht, wohl aber beherbergt es ein analytisches, dekonstruktives Potenzial, das sich in den Rammstein-Lektüren, den Reaktionen und medialen Berichterstattungen zeigt, in denen das Uhrwerk des Sozialen für einen Moment freigelegt wird und die machtvollen Mechanismen sichtbar werden, die die gesellschaftliche Ordnung konstituieren und konsolidieren.

Rezeption

Nicht nur werden Songs und Musikvideos in der globalen und digitalen Popkultur über vielfältige Kanäle bereitgestellt. Diese zeitlichen, räumlichen und letztlich auch ästhetischen Entgrenzungen der Rezeption ließen sich in den großen Feuilletons, in Musikmagazinen, TV-Beiträgen oder in den Sozialen Medien genauer betrachten. Dabei können auch digitale Methoden helfen. So finden sich beispielsweise auf Twitter zahllose Tweets, in denen die Begriffe ‚Rammstein' und ‚Deutschland' oder das Hashtag #RammsteinDeutschland auftauchen, die vor allem in englischer und deutscher Sprache gehalten sind, aber auch in zahlreichen anderen Sprachen (u. a. Französisch, Russisch, Schwedisch, Türkisch; vgl. Twitter 2021). Dieses Kapitel konzentriert sich auf eine Analyse der nationalen und der internationalen Pressebeiträge sowie einzelner Beiträge aus Musikmagazinen, während die Sozialen Medien nur kursorisch thematisiert werden. Dabei rückt auch die

K. Wilhelms et al., *Rammsteins „Deutschland"*, Essays zur Gegenwartsästhetik,
https://doi.org/10.1007/978-3-662-64766-0_10

Frage ins Zentrum, welche Effekte die Provokation des *Deutschland*-Teasers für den Erinnerungsdiskurs und die Reproduktion nationaler Stereotypen in diesen unterschiedlichen Diskursen hat.

In der Rezeption des Liedes und des Videos vollzieht sich eine doppelte Bezugnahme auf die deutsche Nation: Erstens, indem die Band Rammstein als eine Repräsentantin der deutschen Kultur bzw. eines spezifischen Teils der deutschen Kultur wahrgenommen wird; zweitens, indem sich der Liedtext und das Video selbst mit der deutschen Nation und der deutschen Geschichte befassen. Bei der Einordnung der nationalen wie der internationalen Rezeption hilft die Sicht der Imagologie, die sich mit der historischen und medialen Konstruktion von nationalen Eigen- und Fremdbildern befasst, die sich zu Stereotypen verdichten können. Bei der Frage nach der Fremdperspektive sind einzelne Freund-/Feindbilder sowie dauerhafte positive und negative Stereotypisierungen von den konkreten Kulturtransfers zwischen Nationen einerseits und Kulturen andererseits zu unterscheiden (vgl. u. a. Roland, Beyen und Draye 2011, S. 11).

Der Literaturwissenschaftler und Kulturhistoriker Joep Leerssen beschreibt die Imagologie als einen theoretischen Impuls, der sich vor allem gegen die „acritical comparatist preoccupation with […] the textual evidence of […] national characterizations“ (Leerssen 2007, S. 17) wendet. Im Gegensatz zu einem angenommenen ‚Nationalcharakter‘ bzw. einer ‚-mentalität‘ interessiert sich die Imagologie für die Repräsentation des Nationalen in unterschiedlichen Diskursen und Medien, für deren historischen Wandel, spezifische Tropen, ihre Kontexte, die Austauschverhältnisse von nationalen Eigen- und Fremdbildern sowie für die Bezugssysteme nationaler Abgrenzungen und ihre Widersprüche (vgl. Leerssen 2007, S. 27–29). Songtexte und die Narration eines

Musikvideos können hier zum Kontext literarischer Werke gezählt werden, die sich als Form kultureller Verdichtung in besonderer Weise eignen, um zu imagologischen Erkenntnissen zu gelangen. In diesem Sinne rufen beispielsweise das kommerziell erfolgreiche Lied *Holland* der 257ers sowie das Gegenlied *Deutschland* von Roastveen jeweils in einem deutsch-niederländischen Kauderwelsch auf ironische Weise Stereotypen über das Nachbarland auf (Windmühlen, Drogen, schlechtes Essen vs. ‚Reich', harte Arbeit, Autobahnen) und zeigen, dass sich zwar die stereotypischen Fremdbilder übereinander hartnäckig halten, inzwischen jedoch auch ironisch-reflexiv bespielt werden können (vgl. Selfmade Records 2016; Roastveen 2016).

Insbesondere die Analysen komplexer ästhetischer Werke können nach Leerssen dazu beitragen, dass die nur scheinbar klaren Grenzen zwischen Nationen und Sprachgebieten in ihrer Komplexität und Konstruiertheit verstanden werden, denn „linguistic borders and state frontiers rarely coincide as neatly as our nomenclature (‚French', ‚English', ‚German') would seem to indicate [...]; identities and categories here are produced by literature rather than vice versa" (Leersen 2007, S. 30). Es ist evident, dass solche Verhandlungen geografischer und politischer Räume, von Insignien des Nationalen sowie von kulturellen und nationalen Identitätskonstruktionen eine direkte politische Bedeutung und mitunter auch Wirkungskraft besitzen. Die Repräsentation und Konnotation spezifischer gesellschaftlicher Milieus in Romanen, Filmen und Songs oder zum Beispiel die Verkehrung von Tätern und Opfern in popkulturellen Zusammenhängen lassen sich somit als politisch lesen.

Seit dem Ende des Kalten Krieges und auch vor dem Hintergrund einer enormen Intensivierung von Prozessen der Migration, der Globalisierung und der technischen wie kulturellen Mobilität gewinnen Konzepte wie Kultur,

Nationalität und Identität eine neue Relevanz (vgl. Leerssen 2006). Verhandlungen von geschlechtlichen, nationalen, religiösen oder sexuellen Kategorien einer ‚Identitätspolitik' werden in den Feuilletons und Sozialen Medien ausgetragen. Diese Entwicklungen lassen sich auch in Deutschland beobachten, wobei die deutschen *Selbst*bilder eine größere Heterogenität aufweisen als nationale *Fremd*bilder über Deutschland, man denke nur an regionale (Ost vs. West, Bayern vs. Preußen, Rheinland vs. Westfalen etc.) oder andere Formen der sozialen und politischen Differenzierung (Junge – Alte, konservatives Milieu – liberales Milieu etc.). Im innerdeutschen Diskurs über Rammstein wird deren ‚Ost-Identität' oft thematisiert, während sie im Ausland als ‚deutsche Band' gelten.

Für Fremdbilder über Deutschland konstatiert Manfred Beller nach 1945 eine Kernlinie der Stereotypenbildung: Im Ausland habe sich über Deutschland als das Land des Nationalsozialismus und als Täternation des Holocausts ein entsprechendes Arsenal von Nazi-Bildern verbreitet. In Deutschland selbst wiederum haben sich – in intensiven Kämpfen um das kulturelle Gedächtnis – spezifische Dispositive, Rituale und Tabus in Erinnerungsdiskursen an den Holocaust etabliert, die insbesondere die Funktion haben, das Gedächtnis an die Opfer zu bewahren und eine Wiederholung antisemitischer Taten zu verhindern. Im juridischen Diskurs besteht das Verbot der Holocaust-Leugnung, im politischen Diskurs ist im Bundestag die jährliche Gedenkveranstaltung an die Befreiung des Konzentrationslagers Auschwitz etabliert, kulturell besteht ein hoher Respekt vor jüdischen Zeitzeug:innen und Opfern des Holocausts. Auch die mahnende Funktion dieser kollektiven Erinnerung bleibt in einer Gesellschaft relevant, in deren Bundestag eine Fraktion sitzt, die den Nationalsozialismus und den Holocaust immer wieder relativiert, und in der die Zahl antisemitischer Übergriffe ansteigt, man denke nur an den perfiden Anschlag von Halle am 9. Oktober 2019, dem jüdischen Feiertag Jom Kippur.

Für die internationale Anschlussfähigkeit ist es kein Zufall, dass die Darstellung der Deutschen als Holocaust-Täternation auch in Rammsteins *Deutschland*-Video eine hohe Präsenz hat, wobei untersucht werden muss, wie diese spezifische Form einer popkulturellen Stereotypisierung rezipiert wird. Aus dem Nazi-Stereotyp leiten sich ähnliche Figuren ab, die zum Beispiel die ‚autoritäre Persönlichkeit' des ‚typischen Deutschen' hervorheben, was sich in populärkulturellen Varianten wie einer „militaristic German hate-figure" mit erkennbarem „lack of personal intelligence" verdichtet (Beller 2007, S. 163). Zugleich verweist Beller jedoch darauf, dass in einer Welt der Globalisierung und Migration nach dem Mauerfall die deutsche Nation womöglich „the most ‚postnational' country of Europe" (ebd., S. 164) geworden sei. Bezogen auf *Deutschland* von Rammstein wäre danach zu fragen, wie diese vorherrschenden (und andere) Stereotype ‚des Deutschen' in *Deutschland* aufgenommen und dann national als Selbst- und international als Fremdbild wahrgenommen werden.

Provokation der Holocaust-Opfer: *Deutschland* im deutschen Feuilleton

Mit den Möglichkeiten der Sozialen Medien, eine Veröffentlichung zu unterschiedlichen Zeiten und über unterschiedliche Kanäle verfügbar zu machen, sind auch Rammstein bei der *Deutschland*-Veröffentlichung zielgerichtet umgegangen. Mit dem am 26. März 2019 geposteten 35-sekündigen Teaservideo, in dem vier KZ-Häftlinge (ein Judenstern und der Rosa Winkel sind erkennbar), dargestellt von den Bandmitgliedern, auf ihre Erhängung warten (siehe ausführlicher im Kapitel „Gefühle“), wurde die öffentliche Rezeption in ganz besonderer Weise befördert: ein kontrolliertes Spiel mit der Aufmerksamkeitsökonomie in der digitalen Gesellschaft. Inhaltlich interveniert die Band mit ihrem Videoteaser dabei zielgerichtet in den deutschen Erinnerungsdiskurs an den Holocaust. Dessen in mehreren Dekaden und in vielen öffentlichen Auseinandersetzungen errichteten Fundamente beschädigt sie durch ihre kalkulierte Provokation: Es handelt sich um die Aneignung (und im Kontext der Popökonomie auch: die Ausbeutung) der Opfer-Rolle durch die Band-Mitglieder. Zugleich re-inszenieren die Bandmitglieder für die internationale Öffentlichkeit das Stereotyp der Deutschen als Nazis, dabei Autoreflexivität suggerierend.

Unter dem Teaser-Video finden sich auf Youtube insgesamt 77 internationale Kommentare (Stand: 09. April 2021), die vor allem in englischer, aber auch in deutscher und spanischer Sprache gehalten sind. Der meistgelikete und -diskutierte Kommentar (102 Likes, 6 Kommentare) ist eine beschwichtigende (Fan-)Reaktion auf die öffentliche Empörung über dieses Video: „I don't see what all the outrage is about. If a movie like Schindler's List can be made, then other interpretations should be accepted too.“ (vremetal) Die anderen Reaktionen bewegen sich zwischen Enthusiasmus („Meisterwerk!“, sgt key), Vorfreude („THE SONG WILL BE AWESOME“, Vic Rattlehead) und einer Relativierung der öffentlichen Debatte über die Identifikation der Bandmitglieder mit den jüdischen Opfern des Holocausts.

Diese öffentliche Debatte vollzieht sich in Deutschland zunächst in den Boulevardzeitungen und dann auch in den Feuilletons, indem bereits auf das Teaser-Video u. a. Charlotte Knobloch als frühere Präsidentin des Zentralrats der Juden in Deutschland sowie der Antisemitismus-Beauftragte der Bundesregierung, Felix Klein, diese Grenzüberschreitung im Erinnerungsdiskurs anprangern (siehe ausführlicher im Kapitel „Gefühle"). „Die jüdischen Verbände empörten sich", fasst drei Tage später die *FAZ* zusammen, „die ‚Bild'-Zeitung befragte den Antisemitismus-Beauftragten der Bundesregierung, der von der Überschreitung einer roten Linie sprach, die Provokationsmaschinerie kam in Gang, und noch Stunden vor der Veröffentlichung warteten bereits Tausende bei YouTube auf den Song." (Witzeck 2019; vgl. auch uh/mak 2019)

Und auch *Der Spiegel* stimmt zu, dass die empörten Reaktionen auf den Teaser zahlreich gewesen seien, die Provokation habe also funktioniert: „Wer sich als deutsche Gruppe in KZ-Kleidung zu Opfern der NS-Diktatur stilisiert, wer also in eine so empörende Pose sich wirft, der hat es auf genau diese empörten Reaktionen abgesehen. Der hat sie berechnet und bekommen. Und das zu Recht." (Frank 2019) Rammstein seien, so auch das öffentlich-rechtliche Radio, vor allem „lärmende Provokationskünstler" (Elsässer 2019). Eine enorme mediale Aufmerksamkeit ist die Folge: Zwei Tage später werden das Lied und das komplette Video in einer Länge von 09:22 min veröffentlicht. Das Lied erreicht Platin und Platz 1 in den deutschen Single-Charts, das Video wird bereits in der ersten Woche mehr als 20 Mio. Mal aufgerufen (vgl. Herr 2019), bis heute sind es sogar 214 Mio. Zugriffe (Stand: 09.12.2021, vgl. Rammstein Official 2019): Respekt vor den Holocaust-Opfern beschädigt, Fundamente des Erinnerungsdiskurses unterminiert, kalkulierte Provokation erfolgreich, kommerzieller Erfolg erreicht.

Die Reaktionen in den deutschen Feuilletons lassen sich auch nach den politischen Positionen sortieren, die sich allerdings weniger auf die Provokation des Teasers als vielmehr auf die Repräsentationen des Nationalen und Geschlechtlichen beziehen: Die neurechte Zeitschrift *Junge Freiheit* liest das Lied mit der Zeile „Deutschland, deine Liebe ist Fluch und Segen, meine Liebe kann ich dir nicht geben" sowie der Besetzung der Germania im Video mit der „schwarzen Schauspielerin" Ruby Commey als eine Abgrenzung gegen den Deutschnationalismus: „Nichts wäre verkehrter, als ihnen ‚Deutschtümelei' vorzuwerfen." (Graf 2019) Auf der linkssozialistischen Seite sieht das *Neue Deutschland* jedoch weiterhin bestätigt, dass es sich bei der Band Rammstein um „Soldaten in einer Welt ohne Frauen" handele, die ihren Fans „ein Gefühl der Stärke und Macht" vermitteln. Im Video wiederum werde die „schwarze Germania […] ausgeweidet und aufgegessen […]; ein notwendiges Opfer." Einen Subjektstatus erhielten somit letztlich doch wieder nur die „Männer des ‚deutschen Volkes'." (Engelmann 2019) Mit einer erwartbaren zweijährigen Verzögerung werden diese Fragen auch in geisteswissenschaftlichen Veröffentlichungen diskutiert (vgl. u. a. Neuhaus 2021, S. 107–110).

Deutschlandbilder: *Deutschland* als das Fremde in der englisch- und niederländischsprachigen Rezeption

Wir haben somit gesehen, dass insbesondere die gezielte Provokation von Rammstein durch den Videoteaser, der durch die Aneignung und Ausbeutung der Holocaust-Opfer-Rollen die Fundamente des Erinnerungsdiskurses angreift, eine schnelle Skandalisierung hervorrief, die jedoch zugleich die Aufmerksamkeit für den kompletten

Song förderte, über den dann deutlich kontroversere Debatten geführt wurden. Im Vergleich mit dieser Rezeption in Deutschland soll im Folgenden die *Deutschland*-Rezeption in englisch- und niederländischsprachigen Zeitungs- und Musikmagazin-Artikeln näher betrachtet werden. Damit wird erstens zwar keine globale, aber eine global*ere* Fremdperspektive eingenommen, die sich über die *lingua franca* der westlichen Musikwelt bestimmt. Zweitens rücken mit der niederländischen Sprache und Flandern sowie den Niederlanden Nachbarräume ins Zentrum, die seit der nationalsozialistischen Besatzungszeit und somit direkt abgeleitet aus der historischen Referenz nachhaltige Stereotypen über die deutsche Nation reproduzieren (die allerdings in den Niederlanden noch stärker scheinen als in Flandern und dort auch besser erforscht sind, vgl. u. a. Moldenhauer/Vis 2001).

Mehrere Tendenzen lassen sich dabei im Gegensatz zur deutschen Rezeption beschreiben: Erstens wird die kurze Empörungsphase nach dem Teaser-Video übersprungen und diese Empörung nur als eine ‚deutsche Angelegenheit' referiert. Zweitens greifen mehrere englisch- und niederländischsprachige Medien auf wissenschaftliche Kompetenz zurück, um ihren Leser:innen die Hintergründe des Liedes und vor allem des Videos erklären zu können, während die Verwissenschaftlichung der Debatte in der deutschen Rezeption erst mit zweijähriger Verzögerung und im wissenschaftlichen Diskurs selbst einsetzt. Schließlich rekurrieren diese ‚Fremdperspektiven' drittens vor allem auf den Erfolg der Band Rammstein in der englisch- bzw. niederländischsprachigen Welt und übersteigern einzelne Artikel den künstlerischen und politischen Wert der Band – ihre Qualität sei sogar der Klassik vergleichbar und sie fördere die internationale Zuneigung zu Deutschland sowie den Kosmopolitismus.

Auffällig ist zunächst, dass zahlreiche Artikel die Provokation des *Deutschland*-Teaser-Videos mit einigen Tagen Verzögerung aufgreifen und eher in der Begeisterung von Fans auflösen. So stellt der öffentlich-rechtliche niederländische Nachrichtensender *NOS* zwar drei Tage nach Erscheinen des Teasers die Frage, ob es sich dabei um eine ‚Holocaust-Ausbeutung oder um eine brillante Deutschland-Kritik' handele, lässt diese Frage jedoch letztlich in der Fan-Sicht des DJs Michiel Veenstra diffundieren, der sich einfach auf das nächste Rammstein-Konzert freut (vgl. NOS nieuws 2019). Derselbe DJ darf auch ein paar Monate später in der Zeitung *AD* (früher *Algemeen Dagblad*) erklären, dass Rammstein gerade gegen den Rechtsextremismus seien, jedoch gesellschaftskritisch und auf der Suche nach interessanten Randthemen. Auch der politische Journalist Jan Hoedeman, der ebenfalls als Rammstein-Fan und somit gleichsam als Betroffener eingeführt wird, erklärt kategorisch: „Wer Rammstein mit dem Nazismus verbindet, hat die Sensibilität eines Stahlhelms" (vgl. Schmale 2019). Diese Aussage hat natürlich selbst die argumentative Finesse eines Stahlhelms.

Ähnlich wird in englischsprachigen Musikmagazinen zwar die Kontroverse aufgenommen, allerdings vor allem der Erfolg des Videos gefeiert. So versammelt der *Metal Hammer* etwa zwei Wochen nach der Veröffentlichung eine Sammlung der sieben kontroversesten Rammstein-Videos, zu denen *Deutschland* gezählt wird; der kommentierende Text fasst die Kritik am Teaser nur kurz zusammen und erklärt, dass das Lied „Lindemann's feelings of guilt and shame about his homeland's history" repräsentiere (Metal Hammer 2019). Das US-amerikanische Musikmagazin *Revolver* wählt *Deutschland* zum besten Musikvideo des Jahres und kommentiert: „Bold, thrilling and thought-provoking, the ‚Deutschland' video is a true, confrontational piece of art“ (Revolver Staff 2019).

Wesentlich komplexer gehen die medialen Versuche vor, die das Video von Wissenschaftler:innen erklären lassen, die ihre Beiträge zumeist auch zur Reflexion über die deutsche Geschichte und die deutsche Selbstwahrnehmung nutzen, allerdings wiederum gespiegelt aus einer ‚fremden‘ Wahrnehmung. Der niederländische Online-Nachrichtendienst *Duitslandweb* lässt den Historiker Hanco Jürgens im Gesprächsmodus eine recht differenzierte Lektüre des Videos vorlegen, in der er die vielfältigen Verweise auf die politische wie künstlerische deutsche Geschichte erläutert. Dabei nimmt er das Video zum Anlass, einen Unterschied zwischen deutschen und niederländischen Historiker:innen zu konstruieren: Erstere nutzten ihre Position zumeist, um eine moralische Debatte zu befeuern, während Letztere offener seien für künstlerische oder kommerzielle Werke (vgl. Pittlik 2019) – womit er natürlich selbst das Stereotyp ‚ernste Deutsche‘ vs. ‚kreative Niederländer‘ befeuert.

In Belgien wird die deutsche Kontroverse mit vier Monaten Verzögerung geführt, allerdings verwissenschaftlicht zwischen dem kritischen Moralphilosophen Ignaas Devisch (‚Rammstein spielen mit dem Feuer‘ und besitzen rechte Sympathien; vgl. Devisch 2019) und dem Historiker Korneel van Lommel, der in dem Lied zwar ‚eine nuancierte Vaterlandsliebe‘ sieht und es für ‚nationalistisch‘ hält, allerdings keine ‚Nazisympathien‘ darin entdecken kann (vgl. Van Lommel 2019). In Großbritannien schenkt der *Metal Hammer* 2020 der Band zum 25-jährigen Bestehen das Titelthema, auch hier darf mit der Germanistin Alexandra Lloyd eine Wissenschaftlerin die Hintergründe des Videos erläutern. („We got an Oxford University professor to explain it.“; vgl. Lloyd 2020).

Es ist markant, dass mehrere Artikel das Lied und den Erfolg der Band im jeweiligen Land zum Ausgangspunkt nehmen, um Deutschland besser verstehen zu wollen (als stünde die in Deutschland sehr kontroverse Band Rammstein repräsentativ für *die* deutsche Kultur). Rammstein werden sogar als Initialzündung für transnationale oder kosmopolitische Handlungen und Verbindungen dargestellt, was als Fremdwahrnehmung über die deutschen Kontroversen völlig hinweg geht. Im englischen *Guardian* darf Rammstein-Fan Keza MacDonald in einem Essay begründen, warum gerade die Liebe zu Rammstein sie zum Deutsch- (und später auch zum Französisch- und Japanisch-)Studium gebracht und zu einer „happy, free young European" gemacht habe. Das Lied selbst liest sie entsprechend positiv als „a fascinating deconstruction of German history and national identity" (MacDonald 2021).

Eine solche aus inländischer Perspektive ‚fremde' Sicht auf Rammstein macht sich der öffentlich-rechtliche Auslandsrundfunk *Deutsche Welle* in einer Reihe von Beiträgen zu Rammstein zunutze, die ausgerechnet über die Popularität Rammsteins auch Aufmerksamkeit für die eigene Arbeit zu generieren versuchen. So lässt ein Artikel mehrere Monate nach der *Deutschland*-Veröffentlichung im Unklaren, ob es „rightly oder wrongly" sei, dass die der Band zugeschriebene „glorification of machismo" und ihr „unapologetic use of stylistic techniques reminiscent of an era most would prefer to forget" (Fulker 2019) bei vielen Deutschen Irritationen auslöse. Im Gegensatz dazu verwendet der Beitrag viel Raum darauf, die Qualität der Musik von Rammstein in eine Nähe zur (deutschsprachigen) Klassik, namentlich zu Wolfgang Amadeus Mozart, zu setzen.

Während somit in der deutschen Medienöffentlichkeit zunächst die kalkulierte und provozierte Empörung über die Repräsentanten der Täter steht, die sich im Teaser-Video die Rolle der jüdischen und homosexuellen Opfer des Nationalsozialismus aneignen, sehen wir in der englisch- und niederländischsprachigen Rezeption eine fast durchgängige Relativierung dieser Kontroverse. Zugleich erscheint damit in der *Deutschland*-Rezeption ein neues Deutschlandbild: Es sei nicht mehr das Land der nationalsozialistischen Täter, sondern das Land der über die Inszenierung der Täter leicht zu provozierenden Empörten. Während Rammstein den Erinnerungsdiskurs an den Holocaust kommerziell instrumentalisieren, den Opfern ihren Respekt entziehen und in der Folge die deutschen Charts anführen, übergeht auch die internationale Rezeption die erinnerungsdiskursiven Effekte dieser Provokation. Der machistische Akt des Videos, die Härte des Gesangs wie auch der (in seiner Dekonstruktion des Nationalen noch immer) nationalfixierte Liedtext werden hier kaum reflektiert oder, wie im Fall der *Deutschen Welle,* sogar nobilitiert.

Live-Performance

Mit der offiziell unbetitelten *Deutschland*-Tournee präsentieren Rammstein das achte Mal ein Album bzw. ihr Programm im Rahmen einer ausgedehnten Konzertreise. Vom 27. Mai 2019 bis zum 27. September 2020 sollte die Tournee in drei Blöcken durch Europa und Übersee führen, der Inhalt von 120 Sattelschleppern auf- und wieder abgebaut werden, mit der letzten, der 70. Show sollten 1.380.000 Menschen erreicht und ca. 130.000.000 € eingespielt sein; dass nach 31 Konzerten pandemiebedingt abgebrochen werden musste und die Fortsetzung noch ungewiss ist, soll hier nicht interessieren. *Size matters*? In diesem Fall unbedingt.

Interpretatorisch relevant sind diese Zahlen und Figuren, weil sie verdeutlichen, dass mit der Tournee gewissermaßen auf zwei Geschichten zugleich reagiert wird bzw. gleich zwei Geschichten fortgeschrieben werden: Erstens setzen sich Rammstein in Beziehung zu dem

K. Wilhelms et al., *Rammsteins „Deutschland“*, Essays zur Gegenwartsästhetik, https://doi.org/10.1007/978-3-662-64766-0_11

mit spezifischen Topoi belegten Inszenierungsnarrativ ‚Stadiontour', zweitens knüpfen sie an ihre eigene Tourneegeschichte an, in deren Verlauf sich ein eigenes Selbstpräsentationsnarrativ herausgebildet hat, das jedem Fan vertraut sein dürfte, als Erinnerung und/oder Erwartung. Entsprechend, so unsere heuristische These, zielen die Inszenierungsstrategien von Rammstein vorrangig auf das popmusikalische Feld, kaum je auf das Feld der Politik, und erfüllen folglich interne (d. h. genrebezogene), und keine externen (also auf die Außenseite des künstlerischen Diskurses gerichtete) Funktionen (Schmücker 2011). Aus analytischen Gründen lassen sich die Inszenierungsstrategien in performative, ästhetische und politische Strategien trennen, die im konkreten Fall aber zumeist gemeinsam auftreten (Jürgensen und Kaiser 2011).

Rammstein live, performativ

Die Konzerte sind dramaturgisch streng komponiert, selbst die Setlist variiert nicht. Sie zeigen sich in performativer Hinsicht als ein *double-bind* aus kunstsystem- und selbstreferenziellen Elementen. Generell auf das Kunstsystem bezogen ist zunächst, dass die Konzerte sich über die Qualitätsmerkmale Größe, Lautstärke und technische Effekte in Szene setzen (Jooß-Bernau 2010). Sie reihen sich damit in die Historie der Stadiontouren ein, deren Charakteristik sich über eine Dominanz der Schauwerte bestimmt, mittels derer auf sinnästhetische Überwältigung der Rezipienten abgezielt wird – in dieser Hinsicht unterscheiden sich Konzerttouren von Pink Floyd, Queen oder Genesis strukturell nicht von Rammsteins Zug um die Welt, die Namen sind hier austauschbar.

Unübersehbar im Wortsinn ist zunächst der Bühnenaufbau, der derart gigantisch ist, dass er in keine Halle passt, es braucht offene Stadien für seine vollständige Montage. In die Steampunk-Konstruktion, die Assoziationen an die Architektur von Fritz Langs *Metropolis* aufruft, ist zwischen zwei Stelen eine Art Fahrstuhl platziert, zu beiden Seiten umrahmt von Türmen, auf deren Spitze rot erleuchtete Kreise prangen, wie eine ferne Ahnung an überdimensionierte Mikrofone, alles in allem ein „absurd großes, mehrfach getürmtes Monster-Burg-Ungetüm (mit schicken Art-déco-Zierrändern)“ (Götz 2019).

Lautstärke wiederum gehört spätestens seit den Lärmexzessen von The Who zu einer Kennzahl, anhand derer die Dignität von Rockkonzerten gemessen wird. In Besprechungen solcher Events werden gerne Dezibelzahlen angegeben, und deren Höhe ist in der Inszenierungslogik von auf ‚Härte' abonnierten Bands oder Künstler:nnen korreliert mit Qualität, wie überhaupt Lautstärke ein rockistisches Rezeptionsversprechen ist; *It might get loud,* heißt daher aus guten Gründen eine Rockumentary über die Geschichte der E-Gitarre mit den drei Protagonisten Jimmy Page, The Edge und Jack White. Anschaulich markiert wird diese Dimension in der zugleich praktischen wie effektvollen Geste der Veranstalter:innen, den ‚Fans' am Eingang prophylaktisch Ohrstöpsel anzubieten.

Feuer schließlich bildet gleichsam die Gelenkstelle zwischen den eher systemischen und den erkennbar selbstbezogenen performativen Inszenierungspraktiken: Denn einerseits gehört das Spiel mit dem Feuer in konkreter wie zeichenhafter Weise zum festen Inszenierungsritual der Rockgeschichte, von Arthur Brown über Jimi Hendrix, Iron Maiden und den Einstürzenden Neubauten. Andererseits zitieren Rammstein mit ihren pyromanischen Showelementen sich selbst: Feuer ist ja gewissermaßen die Initiation der Bandgeschichte und ihr inszenatorisches

Kernelement. Benannt ist die Gruppe bekanntlich nach dem Flugtagunglück von Ramstein am 28. August 1988, das in einem ihrer ersten Songs folgendermaßen versifiziert wird: „Rammstein/Ein Mensch brennt/Rammstein/Fleischgeruch liegt in der Luft" – das Element selbst ist hier ungenannt, aber offenkundig der Kern des semantischen Feldes, um das der Song kreist. Zugleich auf sich selbst wie auf die Kunstgeschichte weist daher das musikalische Intro des Konzerts hin, Georg Friedrich Händels *Musick for the royal fireworks* (1749), mit dem das Ende des Sezessionskriegs gefeiert wurde.

Gleichermaßen längst eingeführt ist die Verwendung von Kunstblut, die wiederum im Kontext von Steampunk anzusiedelnde ölig-verschmierte Schminke oder die historisch wenig konsistente Kostümierung, in der weiße Brokatjacken kombiniert sind mit goldenen Raumanzügen, Schlangenlederanzügen und Lederhosen – mehr bunte Maskerade also denn ein sinnanzeigendes Spiel mit dem Zeichensystem ‚Kleidung'. Dargeboten wird diese postmoderne Typenkomödie aber dennoch als ernstes Spiel, da die ‚Darsteller' nicht aus ihren Rollen fallen bzw. die vierte Wand nicht einreißen – es wird gelegentlich zum Mitklatschen aufgefordert, man mag das als performative Ebenenverletzung sehen, die das Publikum momenthaft zum Teil der Aufführung macht. Es wird aber nicht angesprochen, die erste direkte Ansprache erfolgt nach dem letzten Song, als wirklich jedes R gerollt wurde, das vorgesehen war, das ‚Stück' also beendet ist. Anders gesagt: Es geht bei der Verweigerung von Ansagen nicht um eine Haltung der Publikumsverachtung, sondern vielmehr um die Betonung der künstlerischen Architektur, die keine Abweichung, keinen ‚Illusionsbruch' erlaubt. In diesen Zusammenhang gehört schließlich der performative Gehalt der Stimme, in unserem Fall also vor allem das längst legendäre gerollte ‚Rrrrr'.

Keines dieser Elemente vermag noch zu überraschen oder gar zu schockieren, der ‚Preis' einer langen Bandkarriere ist eben, dass die Strategien der Selbstdarstellung sich abschleifen bzw. innerhalb der eigenen Inszenierungshistorie normalisieren. Insofern zitieren Rammstein mit diesen theatralen Formen sich selbst und überraschen die Rezipient:innen daher nicht, sondern erfüllen vielmehr zuverlässig deren Erwartungen (siehe ausführlicher im Kapitel „Pop-Ästhetik"). Bezeichnend ist dabei für die Show, wenn Lindemann im Song *Pussy* auf einer überdimensionalen Spermakanone reitet, die buchstäblich Papier spuckt – innerhalb einer langen Rockgeschichte der Publikumsbesudelung mit allem Möglichen und Unmöglichen von Kotze bis Blut eine fast schon klinische Variante.

Rammstein live, ästhetisch

Strukturanalog ist der Teilbereich der ästhetischen Inszenierungspraktiken organisiert, derjenige also, in dem sich Charakterisierungen der eigenen Arbeitsweise artikulieren als Formen der Professionalisierung oder der Genealogisierung der eigenen künstlerischen Tätigkeit. Konkret gesagt: Die Bandmitglieder erscheinen schlicht nacheinander auf der Bühne, in der Reihenfolge ihres musikalischen Einsatzes. Dieser ‚klassische' Aufbau, sprich: die Band im performativen Raum nebeneinander und statisch aufgebaut, wird im Vergleich zu früheren Tourneen häufiger/länger durchgehalten. Die Musiker lassen sich also bei der Arbeit beobachten, sie sind damit beispielsweise AC/DC näher als früheren Varianten ihrer selbst. Und so erscheint es logisch, dass die ewigen australischen Schuljungs sogar zitiert werden, in der Gitarrentechnik von *Deutschland* etwa, aber auch das Eingangsriff ruft sie auf.

Der Song *Deutschland* bildet in mehrfacher Hinsicht den Mittelpunkt der ästhetischen Präsentationsweise: Erstens ist auffällig, dass er ziemlich genau in der Mitte der Konzerte platziert ist, nach etwa einer Stunde des zweistündigen Auftritts. Zweitens (und gewissermaßen auch drittens) erscheint seine doppelte Aufführung deutungsbedürftig: Vor der Performance der ‚eigentlichen' Version des Songs wird nämlich ein Remix des Gitarristen Richard Z. Kruspe intoniert, der die topische teutonische Kraftmeierei in eine instrumentale Elektro-Dance-Version umwandelt. Markiert ist dergestalt ein sonst eher unauffälliger Strang von Rammsteins Traditionsverhalten, der sodann unmissverständlich visualisiert wird: Während Kruspe zu Beginn seiner Version gleichsam erhaben in der Mittelstele über der leeren Bühne thront wie auf einer Kanzel, von der die Musik kunstreligiös gefeiert wird, treten dann nacheinander die Bandmitglieder auf, illuminieren sich zu robotermäßigen Leuchtmännchen und führen einen synchronen Tanz auf. Kein Rezensent hat versäumt, auf dieses Tänzchen mit der Popgeschichte hinzuweisen, und alle waren sich in der Identifikation der Referenz sicher: Augenscheinlich nehmen Rammstein hier die Ausfahrt Richtung Düsseldorf, um ihre Spätphase einzuläuten, indem sie unverkennbar Kraftwerk als zentralen Einfluss ihrer Musik aufrufen (Moises 2019). Mehr Kunst als nur Krawall, sollen wir verstehen, ein gängiger *move* für langlebige Bands, deren Inszenierungspraxis die Balance zwischen den alten Hits und moderaten Modernisierungen halten muss. Einwenden ließe sich gegen die Einsortierung der Kraftwerk-Anspielung, dass sie besser im Zusammenhang der politischen Selbstdarstellung Rammsteins aufgehoben wäre: Denn Kraftwerk hat Generationen von Interpret:innen mit ihrer

Weigerung gereizt, ihre provokante ‚teutonische' Musik zu erklären oder gar die politische Haltung ‚dahinter' zu offenbaren. Aber das schiene uns eine forcierte, eher von der unbedingten Suche nach politischen Spuren als der Aufmerksamkeit für manifeste Kunstäußerungen geprägte Lesart.

Daher noch einmal zurück zur ästhetischen Dimension der *Deutschland*-Inszenierung: Ist mit der Kraftwerk-Hommage ein wesentlicher Strang von Rammsteins Traditionsverhalten mehr oder minder ausdrücklich markiert bzw. eine pophistorische Genealogie behauptet, deutet sich in der doppelten Aufführung von *Deutschland* zugleich ein *turn* der Band in Richtung Selbsthistorisierung an. Und noch stärker selbsthistorisierend ist die Wahl der Vorband bzw. deren Programm: Eröffnet wird der jeweilige Abend vom französischen Klavier-Duo Jatekok mit klassischen Interpretationen des Rammstein-Backkatalogs, immerhin ein acht Songs umfassendes Set von *Klavier* über *Engel* bis *Sonne,* eine klaviergewordene Bandgeschichte in der Nussschale – und wenn man so will, nimmt das Konzert hier die Tonspur des Videos auf, dessen Abspann mit elegischen Piano-Figuren unterlegt ist.

Rammstein live, politisch?

Angesichts des gigantomanischen Überwältigungsspektakels mag die Frage danach seltsam anmuten, was der Aufführungspraxis fehlt. Sie ist jedoch zentral für die inszenierungsbezogene Diskussion der politischen Signatur der Rammstein'schen Poetik, die ja sowohl als problematisches Spiel mit Nazi-Symbolen inkriminiert wie als vielstelliges Zeichenspiel mit dem Geschichtsmaterial nobilitiert wurde. Auf unseren ‚Fall' *Deutschland* zugespitzt: Was fehlt der Live-Aufführung von *Deutsch-*

land, namentlich gegenüber dem Video? Vor allem fehlt ihr der ästhetische Grundzug der Rammstein'schen Kunstkonzeption, d. h. die konstitutive Sinnverweigerung qua komplexer, widersprüchlicher Zeichenschichtung, die an anderer Stelle unseres Buches ausführlich vorgestellt wurde. Statt also eine Vielzahl von Geschichtszeichen in Form einer flachen Vergangenheit (siehe ausführlicher im Kapitel „Geschichte") anzubieten und dabei verschiedene Rollen einzunehmen, statt allegorische Figuren durch das Bild laufen zu lassen, führt die Band das Schlüsselstück der Tour vergleichsweise zurückgenommen auf, ohne besondere theatralische Effekte, ‚rein' auf den Song konzentriert (und wird dadurch übrigens darstellerisch deutlich ‚internationaler', wie die gesamte Live-Karriere Rammsteins ja im Zeichen einer Aufführungspraxis steht, die keine Unterschiede darin sieht, in welchem Land bzw. welcher Nationalkultur sie stattfindet).

Andersherum ist zu diskutieren, ob sich die Live-Performance von *Deutschland* nur als semiotische Schwundstufe des Videos charakterisieren lässt, oder ob sie durch die unmittelbare, medial nicht vermittelte Präsentationsform bei leibseelischer Ko-Präsenz des Publikums nicht auf der anderen Seite an politischen Dimensionen gewinnt. Denn im Gegensatz zur ansonsten in sich abgeschlossenen, kontextdesinteressierten Inszenierung von Rammstein, die den Wechsel der Städte bzw. des Publikums nicht zu bemerken scheint, ist für gerade diesen Song wesentlich, wo bzw. mit wem er zur Aufführung gelangt. ‚Mit wem' insofern, als zur Vollständigkeit der Live-Version des Songs gehört, dass das Publikum – mit den üblichen hochgereckten Händen – die Zeilen „Deutschland, Deutschland über allen" zusammen mit der Band skandiert. Eine ironische oder moralisch weitgehend desinvolvierte Variante liegt wohl bei Konzerten etwa in Stockholm oder Moskau vor, wo es fast komisch wirkt, wenn von der ästhetischen Deutschness enthusiasmierte Schwed:innen oder Russ:innen den Slogan brüllen, sodass „Deutschland" hier gleichsam semantisch entleert erklingt, ohne Sinn für die Bedeutung genau dieses hochaufgeladenen Zeichens. Anders gelagert scheint der Fall zu sein, wenn der Auftritt ausgerechnet im Berliner Olympiastadion stattfindet, dessen Architektur den Baubeginn im Jahr 1934 klar erkennbar ausdrückt. Ist es also empörend, wie Uwe Schütte urteilt, wenn dort (oder in gradueller Abstufung in anderen deutschen Städten) „aus zehntausenden Kehlen gegrölt wird: ‚*Deutschland, mein Herz in Flammen/Will dich lieben und verdammen!*'" (Schütte 2020) Gewinnt hier also die Position der Menschen im Raum an Bedeutung, in unserem Fall ihre Verdichtung zu einer Masse, die mit einer Stimme und einer Geste auf die Aktionen der Bühne eingeht, sie aufnimmt und verstärkt? Oder ist eher Peter Richter zu folgen, der (allerdings in Gelsenkirchen) für die *Süddeutsche Zeitung* beobachten konnte:

> Ja, gut 60 000 Menschen in Gelsenkirchen riefen recht laut „Deutschland" zu dem Stück. Aber nein, man hatte deswegen trotzdem nicht den Eindruck, dass da ein AfD-Parteitag den Kyffhäuser anbrüllt. Es war eher so wie damals, als bei Konzerten mit Jello Biafra Säle voller Punks den Namen von Pol Pot skandierten, weil der in „Holiday in Cambodia" halt zum Refrain gehört. Hier wie da war die Wirkung eher kathartisch. Es ist jedenfalls schwer vorstellbar, dass Herr Höcke und die Seinen in Gelsenkirchen besonders glücklich geworden wären. (Richter 2019)

Für Schütte liegt also eine Band und Publikum verbindende Aufführung des Songs im Zeichen der NS-Ideologie vor, für Richter ein a-historisches, inhaltsleeres Popspiel. Epistemologisch problematisch an beiden

Urteilen ist, dass sie in die Rezipient:innen hineinvermuten, anstatt deren Wahrnehmung zu evaluieren. Einfach gesagt: Von außen ist schlicht nicht zu sehen, wer „Deutschland" in welcher Bedeutung ruft. Daher vielleicht etwas vorsichtiger argumentiert: Während die Band bei der Aufnahme im Studio wie der Konzeption des Videos die Kontrolle über die Zeichenstruktur hat und sie vieldeutig halten kann, gibt sie in der Live-Aufführung einen Teil dieser Kontrolle ab, kategorial anders als beim einsamen Hören des Songs zu Hause. Mit einem immer noch erhellenden Begriff gesagt: Es kommt in der Live-Aufführung zu einer momenthaften Art der Horizontverschmelzung zwischen Produzierenden und Rezipierenden, die sich von den Intentionen der Band weit entfernen kann. Auf der Bühne kann folglich das Konzept der semantischen Ambiguität verfolgt werden, das Publikum kann vereindeutigen, wobei sicher einzurechnen ist, dass das gemeinsame Rezeptionserlebnis kollektivierend wirkt. Oder noch einmal anders: Das Konzert macht es einfacher als die Studioaufnahme oder das Video, die semantische und historische Vielstelligkeit zu ignorieren – sodass *Deutschland* skandiert werden *kann,* um rechte Gesinnungen auszudrücken. Politisch werden Rammstein dadurch aber keineswegs, sie bieten vielmehr ein Lehrbeispiel für Interpretationsprobleme wie für die Bedeutung performativer Aktivitäten. Ein Konzert heißt eben nicht ‚einfach': Wir spielen unsere neue ‚Platte'.

***

Nicht ignoriert werden soll, dass die Tournee unmissverständlich politische Momente gesehen hat. Es scheint uns gute Gründe zu geben, sie zu nennen, aber bewusst durch einen Asterisk von der Auseinandersetzung um *Deutschland* (und/oder ‚Deutschland‘) und seine Kontexte abgesetzt. Vielbeachtet war etwa, dass die beiden Gitarristen sich im Übergang von *Ausländer* zu *Du riechst so gut* küssen, besonders anlässlich des Moskauer Konzerts wurde dieser Kuss als Statement für sexuelle Toleranz verstanden. Aber nicht nur, dass er gegenüber dem längst mythischen Dreierkuss von Madonna, Britney Spears und Christina Aguilera an Intensität sehr abfällt. Vor allem ist ‚problematisch‘ an ihm (strukturell, nicht moralisch geurteilt), ebenso wie an der auf polnischer Bühne geschwenkten LGBT-Flagge, dass die Geste für sich zwar politisch ist, aber keinerlei Anbindung an das Kunstprojekt von Rammstein aufweist. Welche Rolle sie im Sinnzusammenhang einer ansonsten weiter überschießend maskulinen Gesamtpräsentation hat, bleibt offen – ja, offen bleibt, ob die Band hier letztlich aus ihrer Rolle fällt und für den Moment ‚private‘ Haltungen artikuliert, die von der Position ihrer Kunst abweicht. Die Antwort auf die Frage nach dem Politischen bei Rammstein liefert sie folglich nicht.

Schluss: Wie politisch ist *Deutschland*? oder: Wie ist *Deutschland* politisch?

Rammsteins *Deutschland* changiert zwischen Dekonstruktion und Marktförmigkeit, zwischen Ironie und Statement, zwischen Selbstreferenz und historischer Referenz. Die Single wird dabei von Fans und Kritiker:innen ganz verschieden rezipiert, von den internationalen Unterschieden in der Wirkung ganz zu schweigen. Jede vermeintliche Positionierung, so scheint es, wird in *Deutschland* sofort zurückgenommen. Und umgekehrt holt jede Distanzierung von politischen Positionen diese im selben Atemzug wieder mit hinein, sodass die Frage nach der politischen Message stets unbeantwortet bleibt und in die Rezeption, die vielfachen Debatten in den Feuilletons und Online-Foren als unabschließbarer Dissens verlagert wird. Zu deuten ist dies nicht nur als postmoderne Inszenierung des schwankenden Grunds, sondern auch als ein Marktmechanismus, der auf gezielte Provokationen setzt, um ins Gespräch zu kommen und im

K. Wilhelms et al., *Rammsteins „Deutschland“*, Essays zur Gegenwartsästhetik,
https://doi.org/10.1007/978-3-662-64766-0_12

Gespräch zu bleiben, und der den Boden ebnet für das, was Rammsteins Ästhetik auf allen Ebenen auszuzeichnen scheint: das Spektakuläre.

Wie steht es nun um das Politische der Single? Die Zusammenschau der von uns eingenommenen Perspektiven zeigt entscheidende Differenzen in der Beantwortung dieser Frage. Festzuhalten bleibt: Die Frage danach, wie politisch Rammsteins *Deutschland* ist, hängt untrennbar mit der Frage danach zusammen, wie *Deutschland* politisch ist. Denn im Vergleich der Perspektiven fällt auf, dass ein so vielschichtiges Phänomen wie die Nationalhymne im Pop-Gewand zwangsläufig verschiedene Analyseebenen eröffnet, die in einem Spannungsverhältnis zueinander stehen.

Dass wir in dem komplexen Spiel aus Zeichen, Bildern und Referenzen keine eindeutige partei- oder realpolitische Semantik finden können, ist aus jeder der eingenommenen Perspektiven *common sense.* Doch schon bei der Einordnung der Pop-Strategien auf der Formebene kommen wir zu sehr unterschiedlichen Ergebnissen: Während einige Ansätze das Unpolitische popästhetischer Formspiele betonen, die Wirklichkeitsreferenzen und mit ihnen auch Aussagen zur politischen Situation kategorisch unterlaufen, sehen andere gerade im Referenzspektakel eine politische Dimension. Diese wird politisch, eben weil sie naive Nationalismen mit ihrer Unnatürlichkeit konfrontiert, die Grundlosigkeit des Gemeinwesens offenlegt, schließlich die Absurdität fundamentaler Setzungen entlarvt und sich dadurch in Traditionen wie die politische Romantik einreiht. Relevant scheint hier zu sein, welcher Stellenwert der Realitätsreferenz für eine politische Ästhetik zugesprochen wird. Entbehrt das selbstreferenzielle Treiben des Pop per se einer politischen Dimension? Oder ist gerade die Selbstreferenzialität ein passendes Bild für die auf Bilder angewiesene Beschreibung politischer Gemeinschaften? Und mehr noch: Wenn Verweise auf historische Ereignisse und nationale Mythen als metanarrative und damit potenziell gemeinschaftsstiftende Erzählleistung verstanden, Referenzen auf politische Programmatiken wie den Afrofuturismus oder den feministischen Pop jedoch als entpolitisierend aufgefasst werden, dann verhandelt unsere multiperspektivische Analyse das Politische von Referenzierung an sich – und damit das politische Potenzial der zentralen Strategien des Pop.

Ähnlich disparat fallen die Analysen der Wirkungsdimension aus. *Deutschland* hat provoziert, doch ist die Provokation gleich schon subversiv und Subversion überhaupt immer auch politisch? Hier stehen sich Ansätze gegenüber, die in der konstitutiven Distinktion zwischen In- und Outgroup einen gänzlich unpolitischen popkulturellen Erfolgsmechanismus sehen; und solche, die die provozierten Reaktionen der Outgroup zur Grundlage einer politischen Wirkung *Deutschlands* erklären. Entscheidend ist hier, wie man auf die Rezeption schaut. Man kann einerseits vordergründig behaupten, dass es sich ohnehin nur um ein popkulturelles und ironisches Zeichenspiel handele. Man kann jedoch andererseits zugleich der Provokation begegnen, dass in der Trailerinszenierung Fundamente des Erinnerungsdiskurses infrage gestellt werden; dann jedoch auch wieder hervorheben, dass die kritischen Reaktionen auf diese Normverletzung letztlich den Erinnerungsdiskurs wieder stabilisiert hätten. Wenn man noch weiter in die Tiefe geht, stößt man auf die vielfältigen und teils weit auseinanderliegenden Reaktionen in unterschiedlichen Milieus bzw. Zielgruppen bzw. Mediendiskursen. Wenn man noch weiter in die Tiefe geht, stößt man auf die vielfältigen und teils weit auseinanderliegenden Reaktionen in unterschiedlichen Milieus bzw. Zielgruppen bzw. Mediendiskursen.

Ein vergleichender Blick auf die internationale Rezeption von *Deutschland* zeigt darüber hinaus die Ortsgebundenheit der politischen Wirkungen: In Deutschland als zu viel Deutschland skeptisch beäugt, kann *Deutschland* andernorts als Selbstproblematisierung verstanden werden. Erkennbar deutsch, aber nicht *zu* deutsch und damit eingängig und international anschlussfähig zu sein, ist ja auch ein reflektiertes Erfolgskalkül der Band. Letztlich ist mit Blick auf die Konzertmenge zu sagen, dass die Frage nach einer politischen Dimension der performten Single dem gemeinsamen Erleben und der Fan-Vergemeinschaftung in der Konzert-Arena nachrangig ist. Die Frage, wer *Deutschland* wo hört und an dem Songereignis teilhat, ist also entscheidend für die Beurteilung seiner politischen Dimension. In den Live-Performances wird einem Publikum, das in riesigen Stadien *Deutschland* brüllt, zugleich eine Schwarze Frau als Personifikation dessen präsentiert, was sie da grölen. Dieses gegrölte *Deutschland* ist nicht dasselbe wie das, was die Nationalsozialist:innen in Nürnberg grölten. Oder das Publikum bei einem Konzert der rechtsextremistischen Band Kategorie C. Rammstein besetzen Begriffe, Konzepte, Bilder neu, montieren sie zu einer neuen Aussage. Das ist politisch. Oder hat zumindest das Potenzial dazu, es zu sein.

Neben der wirkungsästhetischen Unterscheidung zwischen In- und Outgroup ist die Feld- bzw. Systemdifferenz ein zentraler Argumentationsstrang in einigen der Analysen. Immer wieder schwingt mit, dass Rammstein auch deshalb provozieren, weil sie den Bereich des Kunstsystems verlassen und in andere Systeme eingreifen: wenn sie erinnerungspolitischen Ernst im Pop-Modus behandeln, wenn sie die Auslegung ambiger Aussagen zu Deutschland einer grölenden Fangemeinschaft überlassen, wenn sie Holocaust-Opferrollen ausbeuten, um Aufmerksamkeit und damit Kaufzahlen zu generieren. Dass der

Systembruch eines Kunstwerks provoziert und sich nicht mit der stetig neu aktualisierten und eingeforderten künstlerischen Autonomie verträgt, ist ein alter Hut. Daraus lässt sich wohl kaum eine generelle Aussage über die politische Dimension heteronom ausgerichteter Kunst ableiten. Ebenso wenig übrigens kann wohl die Einsicht in ökonomische Interessen des Pop voraussetzen, dass seine Marktförmigkeit politische Dimensionen suspendiert. Vielmehr muss man davon ausgehen, dass das Politische und der Markt dann Hand in Hand gehen, wenn mit Markterfolg auch eine gewisse Reichweite verbunden ist. Bei Popmusik ist das sicher der Fall, je mehr Käufer:innen, desto mehr Menschen erreicht die politische Message.

Der spezielle Dreh bei Rammstein, eine letztgültige politische Positionierung stets zu suspendieren, tut ihrem Erfolg offenbar keinen Abbruch. Ganz im Gegenteil kommt die politische Mehrdimensionalität dem Verkaufserfolg bei einem politisch diversen Publikum zugute. Einmal mehr zeigt sich, dass die Funktionsweisen des Pop prädestiniert sind für eine Ästhetik des Politischen, bei der eben keine klare Positionierung angeboten wird, sondern das Politische als Aushandlung ambivalenter, widersprüchlicher Perspektiven erscheint.

Das Politische ist ein Konzept, das nicht mit der Politik zu verwechseln ist. Es ist als eine Summe gesellschaftlicher Aushandlungsprozesse um die Grundlagen gemeinschaftlichen Zusammenseins zu verstehen, die eben auch temporär in Form von Publikumskollektiven, langfristiger als Stilgemeinschaften, in Differenz von In- und Outgroup, als Gesellschaft mit gemeinsamen und unterschiedlichen erinnerungspolitischen Anliegen und Konflikten und schließlich im internationalen Kontakt und Vergleich als zumindest konstruierte (Organisations-)Einheit wirksam werden. Entsprechend geht es auch darum, die Grenzen dessen zu sehen, was in einer (und in welcher)

Gemeinschaft sanktioniert wird. Wer hat die Macht, über die Grenzziehungen zu bestimmen? Was darf gesagt werden, was ist das Schöne, Gute, Verträgliche, Konsensuale? Und wo endet dieser (Spiel-)Raum? Wie werden diese Grenzen verschoben und welche Mechanismen werden dabei angewandt – insbesondere, wenn es um nationale Selbst- und Fremdbilder geht oder um den Erinnerungsdiskurs? Rammstein balancieren immer wieder auf diesem schmalen Grat und übertreten auch einmal die bestehenden Grenzen. Die Viel- oder Uneindeutigkeit hilft ihnen, die diskursiven Mechanismen des Politischen durch Pop aufzuzeigen. Rammstein sind also insofern politisch, als sie ein Spiel mit dem Politischen oder im Raum des Politischen anbieten.

Auf den Ebenen der Form, der Wirkung und der gesellschaftlichen Selbst- und Fremdverortung zeigt sich, dass die hier versammelten Analysen zu Rammsteins *Deutschland* Fragen verhandeln, die nicht nur für diese einzelne Single und ihr betriebliches Umfeld relevant sind, sondern auch anschlussfähig für Pop-Phänomene und ihre politische Dimension im Allgemeinen sind – und dass diese Fragen durchaus disparat beantwortet werden können. Es ist eine wichtige Gegenwartsaufgabe der Geisteswissenschaften, in einer Gesellschaft mit wieder zunehmenden nationalistischen Tendenzen zum einen und einer tiefen Gespaltenheit öffentlicher Debattenkultur zum anderen nach dem ‚Sound of Germany' zu fragen und Pop-Bezüge auf das Nationale und die Rolle von Rassismus, Antisemitismus und Sexismus im deutschen Pop hin kritisch zu analysieren. *Deutschland* hat sich in diesem Kontext als ein komplexes Kunstwerk erwiesen, dessen spezifische Ästhetik auf dem Dreiklang von Pop, Politik und Provokation fußt.

Anhang

K. Wilhelms et al., *Rammsteins „Deutschland"*, Essays zur Gegenwartsästhetik, https://doi.org/10.1007/978-3-662-64766-0

Sequenzanalyse zu Rammsteins *Deutschland*

Songabschnitt	Zeitabschnitt	Szenerie *(historische Referenz)*	Gestaltungselemente
(Vorspann)	0:00–0:58	WALD („GERMANIA MAGNA, 16 A.D.“); Krieger mit Fellen und römische Legionäre; Germania köpft eine Leiche (Kopf Till Lindemanns); alternierend mit der Ansicht mythisch anmutender Steinstatuen	Dunkelheit; Gehängte in Bäumen; Wolf. roter Laserstrahl (Richtung Himmel); roter Laserscanner (auf Statuen).
	0:51–0:54	Titel „Deutschland“	Fraktur; Steinstatue mit Kreuz. Scanner
Intro	0:58	Schnell wechselnde Szenerien: rot flammendes SCHLACHTFELD *(Mittelalter)*; ASTRONAUTEN mit gläsernem Sarg [Märchen]; ‚TIEFGARAGE‘; BOXKAMPF, Untergrund *(Weimarer Republik [WR])*	Schlagringe; Funken. Laserstrahl, Scanner
	1:26 (1:58)	SCHLACHTFELD *(12. Jahrhundert)*	Rüstungen, Lanzen, Schwerter; Germania in Rüstung und mit goldener Krone; Gewitter; Zeppelin im Hintergrund. Laserstrahlen
	1:47	Fortsetzung BOXKAMPF *(WR)*	Funken, spritzendes Blut; Germania mit schwarzen/silbernen Perlen behangen im Stil der 1920er Jahre. Laserstrahlen

Songabschnitt	Zeitabschnitt	Szenerie *(historische Referenz)*	Gestaltungselemente
	2:00	Zeppelinbrand und Explosionen im Hintergrund *(Hindenburg-Explosion in Lakehurst, 6. Mai 1937)*	Flammen; Explosionen; Stahlgerüst; Band in festlicher Garderobe
1. Strophe (Beginn Text)	2:08	Fortsetzung 1:47: Boxkampf *(WR)*	Blut; Schweiß; Funken. Laserstrahlen
	2:24	SED-Politbüro *(DDR)*	graue Anzüge mit Orden; Büsten von Friedrich Engels (links) und Karl Marx (rechts); DDR-Fahnen; Staatswappen hinter dem Schreibtisch; Champagnergläser; Zigarrenrauch; Astronaut
	2:28	Szenenwechsel zwischen Tiefgarage; SED-Politbüro und Boxkampf	Laserstrahlen
	2:42	Mönche *(„Mittelalter")*; mit Schwenk zu Taverne/Gruppe von Soldaten	Fackeln; Kreuz; Kutten; Kannibalisches Gelage: Germania wird ausgeweidet, vermengt mit Würstchenkette und Sauerkraut; unter dem Tisch Menschen mit Ledermasken in einer Art Glaskäfig. rotes Licht; Laserstrahlen
Refrain	2:56 (3:07) (3:10) (3:12)	Fortsetzung SED-Politbüro	Germania in gold-schwarzer Uniform in Großaufnahme; Champagnerdusche. Laserstrahlen

Songabschnitt	Zeit-abschnitt	Szenerie *(historische Referenz)*	Gestaltungselemente
	2:58 (3:09) (3:11) (3:12/13)	Fortsetzung Mönche in TAVERNE	Kannibalismus; unter dem Tisch Menschen mit Ledermasken in einer Art Glaskäfig. Laserstrahlen
	3:14	ASTRONAUTEN-ARCHÄOLOGEN	Höhle; Monumente, Statuen: Inschrift „DEUTSCH“. Laserstrahlen; Scanner
	3:27	Germania als Heilige	Hirschgeweih; Heiligenschein, Spitzenkleid. Laserstrahl
2. Strophe	3:28 (3:39)	GEFÄNGNIS; Tumult/Aufstand auf Empore; Bandmitglieder in Fesseln *(historische Mehrfachcodierung)*	Geldscheine flattern durch die Luft *(Inflation, 1923)*; Polizei *(~heute)*; 3:34: Germania in preußischer Paradeuniform mit Pickelhaube und Federbusch *(Preußen der 1840er Jahre)*; Laserschwerter als Schlagstöcke *(Star Wars)*. Laserstrahlen
	3:36 (3:44)	abwechselnd mit TIEFGARAGE	Autofahrt; weiße Beleuchtung; Bandmitglieder in Abendgarderobe. Laserstrahlen
	3:45	Germania als (britische) Königin	Stahlgerüst. Laserstrahl

Songabschnitt	Zeit-abschnitt	Szenerie *(historische Referenz)*	Gestaltungselemente
	3:46	Konzentrationslager Mittelbau-Dora; V2-Raketen (mit Zwischenschnitten zu Boxkampf und Gefängnis)	Raketenstart; Feuertonnen; Qualm; große Anzahl von Soldaten und Häftlingen; Bandmitglieder in Häftlingskleidung mit Schlingen um den Hals am Galgen
Refrain	4:00	Fortsetzung Konzentrationslager	Germania mit Augenklappe und SS-Uniform (4:13 mit Hakenkreuz-Ohrstecker, roten Augen). Laserstrahlen
	4:16	Fortsetzung Tiefgarage: Germania mit fünf Schäferhunden, gefolgt von Polizei-/SEK-Kräften mit Waffen im Anschlag *(~heute)*	Schäferhunde, roter Teppich, Germania: roter Lippenstift, Lorbeerkranz, Fliegerbrille, goldene Ketten, goldener Bikini, Lederjacke, Munitionsketten; Polizeiuniformen. rote Beleuchtung; Laserstahlen
	4:18	Tiefgarage; Lastenaufzug; Polizei-/SEK-Kräfte; RAF *(1970er Jahre)*	Kleidung und Frisuren teils im Stil der 1970er Jahre, Gewehre; Polizeieinsatz; Schießerei; Geiselnahme; RAF-Plakat an der Säule: „Terroristen“; Germania in Handschellen, an Sprengstoffgürtel gekettet. Laserstrahlen
	4:31	Fortsetzung Gefängnis	Germania in Preußenuniform. Laserstrahlen

Songabschnitt	Zeitabschnitt	Szenerie *(historische Referenz)*	Gestaltungselemente
	4:35	Mönche und Soldaten bei Hexen- und Bücherverbrennung *(10. Mai 1933)*	Kreuz; Scheiterhaufen; NS-Uniformen; Flammen; Mönch umarmt Nationalsozialisten. Laserstrahl; Laserschwerter
	4:47	Germania küsst Lindemanns abgetrennten Kopf	Goldener Lorbeerkranz, rote Lederhandschuhe
Bridge	4:50	Germania als Heilige zwischen zwei riesigen Monumenten/Skulpturen auf Sockeln (vgl. 3:27)	Dunst; Zeitlupe; weißer Heiligenschein; Hirsch; Tauben; sechs Tonköpfe; Weihrauchfass; Astronauten; Schwangerschaft. Laserstrahl; Scanner
	4:59	TIEFGARAGE (Band Walk)	
	5:03	Fortsetzung RAF-Szenario	
	5:04 (5:08) (5:15) (5:27)	GEBURTSSZENE; mit Kardinal und Band in Seuchenschutzanzügen in einem ‚Zelt': Germania gebiert Hunde	Blut; rotes Kardinalsgewand; Kühe mit Rote Kreuz-Decken, goldenes Kreuz im Hintergrund, Germania mit weiß leuchtendem Heiligenschein; Tropf, OP-Beleuchtung; Folien; rote Gummihandschuhe; Regen. Laserstrahl

Songabschnitt	Zeit-abschnitt	Szenerie *(historische Referenz)*	Gestaltungselemente
	5:07	Geburtsszene im Wechsel mit Tiefgarage (5:07), Kirche mit kampfbereiten Ritterarmeen (5:10; 5:17) und SED-Politbüro (5:21)	
	5:23	Karl Marx Statue und Panzer	Polizei mit Schlagstöcken/SEK-Kräfte
	5:25 (5:30)	Germania mit goldener Waffe an Lindemanns abgetrenntem Kopf; im Hintergrund Polizei-/SEK-Kräfte; Germania beißt in/küsst Kopf	Germania mit schwarzer Lederjacke, Goldschmuck, roten Handschuhen, goldenem Lorbeerkranz
	5:29	Fortsetzung Konzentrationslager; KZ-Insassen mit Gewehren, gerichtet auf SS-Offiziere – darunter Germania – in der Mitte; im Hintergrund eine Reihe Soldaten	Kreisfahrt der Kamera
	5:31	Fortsetzung Kirche; 5:33–5:34 Zwischenschnitt zu Schlachtfeld, Kämpfe	sich beschleunigende Drehbewegungen um Zentrum/Germania; Germania mit goldener Rüstung, weißem Umhang, ein Schwert in der Hand; Flammen. Laserstrahlen

Songabschnitt	Zeitabschnitt	Szenerie *(historische Referenz)*	Gestaltungselemente
Refrain	5:36	Fortsetzung Schlachtfeld; Kämpfe und Schlacht; Zeppelin	Schwerter, Rüstungen, Wimpel; Funken, Feuer. Laserstrahl
	5:43	Fortsetzung SED- Politbüro (5:21) *(DDR)*	erhobene Fäuste
	5:45	Aufstände; Panzer, Polizei (vgl. 5:23)	Polizeibeamte mit Schutzschilden und Stöcken; Menschen mit Hakenkreuz-Armbinden werfen einen Wagen um; Pfeile; Molotow-Cocktail; Lindemann-Kopf im Feuer. Laserstrahlen
		schnelle Schnitte unterschiedlicher Kampf-, Eskalations- und Tötungsszenen; orgiastisches Zerstörungsszenario	Germania in goldener Rüstung, darunter ein weißer Kragen, betend die Hände erhoben in Kirche; Taverne; Germania auf dem Schlachtfeld; KZ-Insassen schießen zwei SS-Männern und Germania in den Kopf; Spürhunde mit Masken; Gefängnis; Lindemann am Galgen im Konzentrationslager, als Häftling, als Ritter; schreiende Menschen in Großaufnahme; Germania im Kettenhemd; Germania in rotem Königinnenkostüm mit Krone und Schwert und Lindemanns Kopf unter ihrem Arm; Einsturz des SED-Politbüro-Gebäudes; Boxkampf *(WR)*; Aufstände und Straßenschlacht

Songabschnitt	Zeit-abschnitt	Szenerie *(historische Referenz)*	Gestaltungselemente
	6:23	Germania im Engelskostüm, Band zu Flammen in Richtung Kamera kriechend	weiße Flügel (Engel), aus denen zu Beginn Flammen abgefeuert werden. Laserstahl
	6:29	Band in Schutzanzügen mit Hunden auf dem Arm; Germania mit einem Hund in der Mitte	Infusionsschläuche; Regen; Kardinal mit blau leuchtenden Brillengläsern; Heiligenschein
	6:42	Großaufnahme Germanias Gesicht in gläsernem Sarg, in dem sich die Erde spiegelt	
	6:45	gläserner Sarg fliegt im All	roter Laserstrahl zwischen Erde und All
Abspann	6:51–9:22	Fragmente und Variationen vorheriger Szenen	zunächst Cast; dann Insert „Ende“ in Fraktur

Quelle: https://www.youtube.com/watch?v=NeQM1c-XCDc

Abbildungsverzeichnis

K. Wilhelms et al., *Rammsteins „Deutschland“*, Essays zur Gegenwartsästhetik, https://doi.org/10.1007/978-3-662-64766-0

Literatur

Adorno, Theodor W.: Versuch über Wagner. Berlin 1981.
agenttud27: Jacob Hellner – Behind "Ich tu dir weh" and its production process (2017). In: https://www.youtube.com/watch?v=GzngdYzCNkA (09.04.2021).
Anderson, Benedict: Imagined Communities. Reflections on the Origin and Spread of Nationalism. London ^{2}1991.
Arendt, Hannah: Vita Activa oder Vom tätigen Leben. München/Berlin/Zürich 2018.
Assmann, Aleida: Ist die Zeit aus den Fugen? Aufstieg und Fall des Zeitregimes der Moderne. München 2013.
Attali, Jacques: Noise. The Political Economy of Music. Minnesota 1985.
Balibar, Etienne: The Nation Form: History and Ideology. In: Etienne Balibar/Immanuel M. Wallerstein (Hg.): Race, Nation, Class: Ambiguous Identities. London 1991, 86–106.
Balzer, Jens: Der Konkurs (2017). In: https://www.spiegel.de/kultur/kino/rammstein-paris-an-der-volksbuehne-die-urszene-von-pegida-und-afd-a-1138891.html (26.10.2020)

K. Wilhelms et al., *Rammsteins „Deutschland"*, Essays zur Gegenwartsästhetik, https://doi.org/10.1007/978-3-662-64766-0

Balzer, Jens: Ein lauter Schrei nach Liebe (2019). In: https://www.zeit.de/kultur/musik/2019-03/rammstein-video-deutschland-provokation-holocaust-sexualitaet (28.12.2020).

Barber, Tiffany E.: 25 Years of Afrofuturism and Black Speculative Thought: Roundtable with Tiffany E. Barber, Reynaldo Anderson, Mark Dery, and Sheree Renée Thomas. In: TOPIA: Canadian Journal of Cultural Studies 39 (2018), 136–144.

Baßler, Moritz: Rammsteins Cover-Version von Stripped. Eine Fallstudie zur deutschen Markierung angelsächsischer Popmusik. In: Mitteilungen des Deutschen Germanistenverbandes 52/2 (2005), 218–232.

Baßler, Moritz: Katalogverfahren: Katalog- und Montageverfahren: Sammeln und Generieren. In: Ders./Eckhard Schumacher (Hg.): Handbuch Literatur & Pop. Berlin/Boston 2019, 184–198.

Baßler, Moritz/Drügh, Heinz: Gegenwartsästhetik. Göttingen 2021.

Bauer, Matthias/Knape, Joachim/Koch, Peter/Winkler, Susanne: Dimensionen der Ambiguität. In: Zeitschrift für Literaturwissenschaft und Linguistik 40/158 (2010), 7–75.

Beller, Manfred: Germans. In: Manfred Beller/Joep Leerssen (Hg.): Imagology. The cultural construction and literary representation of national characters. Amsterdam/New York 2007, 159–165.

Benjamin, Walter: Über den Begriff der Geschichte (1940). In: Gesammelte Schriften. Hg. von Rolf Tiedemann und Hermann Schweppenhäuser. 7 Bde. Frankfurt a.M. 1972–1999, Bd. 1. 2 Teil (1980), 691–704.

Beregow, Elena: Nichts dahinter – Pop-Oberflächen nach der Postmoderne. In: Pop. Kultur und Kritik 7/2 (2018), 153–172.

Berndt, Frauke/Kammer, Stephan: Amphibolie – Ambiguität – Ambivalenz. Die Struktur antagonistisch-gleichzeitiger Zweiwertigkeit. In: Dies. (Hg.): Amphibolie – Ambiguität – Ambivalenz. Würzburg 2009, 7–30.

Berndt, Frauke/Tonger-Erk, Lily: Intertextualität. Eine Einführung. Berlin 2013.

Bernecker, Roland/Steinfeld, Thomas: Amphibolie, Ambiguität. In: Gert Ueding (Hg.): Historisches Wörterbuch der Rhetorik. Tübingen 1992, Bd. 1, Sp. 436–444.

Bhabha, Homi: The Location of Culture. London 1994.

Billig, Michael: Banal Nationalism. London 1995.

Blasberg, Cornelia: Skandal. In: Gert Ueding (Hg.): Historisches Wörterbuch der Rhetorik Online (2007). https://db.degruyter.com/view/HWRO/skandal?pi=0&moduleId=common-word-wheel&dbJumpTo=Skandal (29.12.2020).

Botsch, Gideon: ‚Wann i' denk wie's früher war'. Nationalismus in der ‚postnationalen Konstellation'. In: Ralph von Appen/Thorsten Hindrichs (Hg.): One Nation under a Groove. Bielefeld 2020, 15–30.

Bowersox, Jeff: Der Heilige Mauritius in Magdeburg (ca. 1240). Übersetzt von Lilian Gergely (o.J.). In: https://blackcentraleurope.com/quellen/1000-1500-deutsch/der-heilige-mauritius-in-magedburg-ca-1240/ (07.10.2021).

Braungart, Wolfgang: Ästhetik der Politik, Ästhetik des Politischen. Ein Versuch in Thesen. Göttingen 2012.

Burns, Robert: German Symbolism in Rock Music. National Signifiers in the Imagery and Songs of Rammstein. In: Popular Music 27/3 (2008), 457–472.

Chaoze One: Naidoo – Dieser Weg wird über Chris Ares führen (2020). In: https://www.belltower.news/kommentar-naidoo-dieser-weg-wird-zu-chris-ares-fuehren-98773/ (19.03.2021).

Clover, Joshua: Good Pop, Bad Pop. Massiveness, Materiality, and the Top 40. In: Eric Weisbard (Hg.): This Is Pop. In Search of the Elusive at Experience Music Project. Cambridge, Mass./London 2004, 245–256.

Connell, John/Gibson, Chris: Sound Tracks. Popular Music, Identity, and Place. London 2003.

Cummings, Naomi: The Sonic Self. Bloomington 2000.

DeNora, Tia: Music in everyday life. Cambridge [2]2002.

Devisch, Ignaas: Rammstein speelt met vuur (2019). In: https://www.standaard.be/cnt/dmf20190708_04500452 (20.07.2021).

Diederichsen, Diedrich: Pop – deskriptiv, normativ, emphatisch. In: Marcel Hartges/Martin Lüdke/Delf Schmidt (Hg.): Pop – Technik – Poesie (= Literaturmagazin No. 37). Hamburg 1996, 36–44.

Diederichsen, Diedrich: Ist was Pop? [1997]. In: Ders.: Der lange Weg nach Mitte. Köln 1999, 272–286.

Diederichsen, Diedrich: Körpertreffer. Zur Ästhetik der nachpopulären Künste. Berlin 2017.

dpa [in ZEIT online]: Schwarze Frau als Germania – Kritik an Rammstein-Video (2019a). In: https://www.zeit.de/news/2019a-03/29/schwarze-frau-als-germania-kritik-an-rammstein-video-190328-99-582875 (14.01.2021).

dpa [in ZEIT online]: Rammstein-Video sorgt für Empörung (2019b). In: https://www.zeit.de/news/2019b-03/29/kz-anspielungen-in-video-empoerung-ueber-rammstein-190328-99-582875 (28.12.2020).

Dunkel, Mario/Schiller, Melanie/Schwenck, Anna: Researching Popular Music and the Rise of Populism in Europe. In: Kimi Kärki (Hg.): Turns and Revolutions in Popular Music: Proceedings from the XX Biennial Conference of IASPM, Canberra, Australia, 24th–28th June 2019, https://pure.rug.nl/ws/portalfiles/portal/174209845/Dunkel.pdf (26.10.2021)

Edensor, Tim: National Identity, Popular Culture and Everyday Life. Oxford 2002.

Elflein, Dietmar: Can't Get Laid in Germany. Rammstein's 'Pussy'. In: Ralf von Appen/André Doehring/Allan F. Moore (Hg.): Song Interpretation in 21st-Century Pop Music. London 2016, 97–113.

Elsässer, Fabian: Rammstein-Album 2019: Erfolgsrezept mit Variation (2019). In: https://www.swr.de/swr2/musik-jazz-und-pop/rammstein-album-2019-100.html (07.10.2021).

El-Tayeb, Fatima: Schwarze Deutsche: Der Diskurs um „Rasse“ und nationale Identität 1890–1933. Frankfurt a.M. 2001.

Engelmann, Jonas: Viel geweint, im Herzen vereint. Die Männerrockgruppe Rammstein vergießt Tränen für Deutschland. Natürlich in kritischer Absicht (2019). In: https://www.neues-deutschland.de/artikel/1115860.rammstein-viel-geweint-im-herz-vereint.html (07.10.2021).

Eshun, Kodwo: Further Considerations of Afrofuturism. In: CR: The New Centennial Review 3/2 (2003), 287–302.

Everley, Dave: Germanic Street Preachers. In: Kerrang! 847 (2001), 44–45.

Fiedler, Leslie A.: Cross the Border – Close the Gap [1968/1970]. In: Ders.: A New Fiedler Reader. Amherst, NY 1999, 270–294.

Finlayson, Alan: Imagined Communities. In: Edwin Amenta/Kate Nash/Alan Scott (Hg.): The Wiley-Blackwell Companion to Political Sociology. West Sussex 2012, 273–282.

Fleischmann, Lars: Reime fürs Reich (2019). In: https://taz.de/Musikbusiness-und-Nazi-Rap/!5635307/ (19.03.2021).

Foucault, Michel: Archäologie des Wissens. Frankfurt a.M. 1981.

Frank, Arno: Eine Falle. Kontroverse um Rammstein-Musikvideo (2019). In: https://www.spiegel.de/kultur/musik/rammstein-kontroverse-um-musikvideo-deutschland-eine-falle-a-1260212.html (07.10.2021).

Frith, Simon: Music and Identity. In: Stuart Hall/Paul du Gay (Hg.): Questions of Cultural Identity. London 1996, 108–127.

Frith, Simon/Zagorski-Thomas, Simon (Hg.): The Art of Record Production. An Introductory Reader for a New Academic Field. Farnham 2014.

Fulker, Rick: What classical music and Rammstein have in common (2019). In: https://www.dw.com/en/what-classical-music-and-rammstein-have-in-common/a-49899142 (07.10.2021).

Godioli, Alberto/Kiss, Miklós/Schiller, Melanie: Schrödinger's Duck-Rabbit: Ambiguity and Meta-Framing across Media. London. (im Erscheinen)

Götz, Oliver: Rammstein live in Berlin: Mami, die älteren Kinder lassen mich nicht mit der Action-Burg spielen! (2019). In: https://www.musikexpress.de/rammstein-live-in-berlin-mami-die-aelteren-kinder-lassen-mich-nicht-mit-der-action-burg-spielen-1300583/ (08.10.2021).

Grabbe, Katharina/Köhler, Sigrid G./Wagner-Egelhaaf, Martina (Hg.): Das Imaginäre der Nation. Zur Persistenz einer politischen Kategorie in Literatur und Film. Bielefeld 2012.

Grabbe, Katharina: Deutschland – Image und Imaginäres. Zur Dynamik der nationalen Identifizierung nach 1990. Berlin/Boston 2013.

Graf, Alexander: Rammstein und die schwarze Germania. Vermeintliches Skandal-Video (2019). In: https://jungefreiheit.de/debatte/kommentar/2019/rammstein-und-die-schwarze-germania/ (08.10.2021).

Grasskamp, Walter: Das Cover von Sgt. Pepper. Eine Momentaufnahme der Popkultur. Berlin 2004.

Grimm, Jacob/Grimm, Wilhelm: Schneewittchen. In: Dies.: Kinder- und Hausmärchen. Vollständige Ausgabe. Mit 184 Illustrationen zeitgenössischer Künstler und einem Nachwort von Heinz Rölleke. Patmos/Düsseldorf/Zürich [19]1999.

Groebner, Valentin: Das Mittelalter hört nicht auf. Über historisches Erzählen. München 2008.

Großer, Kathrin: Wir wollen nur provozieren. In: Rock Hard 2001/4, 26–27.

Gumbrecht, Hans Ulrich: Unsere breite Gegenwart. Berlin [2]2015.

Hall, Stuart: Notes on Deconstructing 'the Popular'. In: Imre Szeman/Timothy Kaposy (Hg.): Cultural Theory: An Anthology. West Sussex 2011, 71–80.

Hebdige, Dick: Cut'n'Mix. Culture, Identity and Carribean Music. London 1987.

Hecken, Thomas/S. Kleiner, Marcus: Einleitung. In: Dies. (Hg.): Handbuch Popkultur. Stuttgart 2017, 1–14.

Heesch, Florian: „Nordisch – Germanisch – Deutsch?". Zur Mythenrezeption im Heavy Metal. In: Dietrich Helms/Thomas Phleps (Hg.): Typisch deutsch. (Eigen-)Sichten auf populäre Musik in diesem unseren Land. Bielefeld 2014, 127–151.

Herbst, Jan-Peter: Historical Development, Sound Aesthetics and Production Techniques of the Distorted Electric Guitar in Metal Music. In: Metal Music Studies 3/1 (2017), 24–46.

Herbst, Jan-Peter: The Formation of the West German Power Metal Scene and the Question of a "Teutonic" Sound. In: Metal Music Studies 5/2 (2019), 201–223.

Herbst, Jan-Peter: From Bach to Helloween. "Teutonic" Stereotypes in the History of Popular Music. In: Metal Music Studies 6/1 (2020a), 87–108.

Herbst, Jan-Peter: Sonic Signatures in Metal Music Production. Teutonic vs British vs American Sound. In: ASPM Samples 18 (2020b), 1–26. http://gfpm-samples.de/Samples18/Herbst.pdf (09.04.2021).

Herbst, Jan-Peter: Culture-Specific Production and Performance Characteristics. An Interview Study with "Teutonic" Metal Producers. In: Metal Music Studies 7/3 (2021), 445–467.

Herbst, Jan-Peter/Bauerfeind, Karl: Teutonic Metal: Effects of Place- and Mythology-Based Labels on Record Production. In: International Journal for the Sociology of Leisure (2021). DOI: https://doi.org/10.1007/s41978-021-00084-5.

Herr, Kathleen: „Deutschland, Deutschland über allen". Mit Rammstein an die Shoah erinnern? In: Neue Gesellschaft. Frankfurter Hefte 34/7–8 (2019), 104–107.

Hessel, Stéphane: Empört Euch! Berlin [32]2019.

Honeck, Mischa/Klimke, Martin/Kuhlmann, Anne (Hg.): Germany and the Black Diaspora: Points of Contact, 1250–1914. New York 2013.

Huber, Till: Blumfeld und die Hamburger Schule. Sekundarität – Intertextualität – Diskurspop. Göttingen 2016.

Jahn-Sudmann, Andreas/Kelleter, Frank: Die Dynamik serieller Überbietung. Amerikanische Fernsehserien und das Konzept des Quality-TV. In: Frank Kelleter (Hg.): Populäre Serialität: Narration – Evolution – Distinktion. Zum seriellen Erzählen seit dem 19. Jahrhundert. Bielefeld 2012, 205–224.

Jakobson, Roman: Linguistik und Poetik. In: Heinz Blumensath (Hg.): Strukturalismus in der Literaturwissenschaft. Köln 1972, 118–147.

Jooß-Bernau, Christian: Pop-Konzert als para-theatrale Form. Seine Variante und seine Bedingungen im kulturell-öffentlichen Raum. Berlin 2010.

Jürgensen, Christoph/Kaiser, Gerhard: Schriftstellerische Inszenierungspraktiken – Heuristische Typologie und Genese. In: Dies. (Hg.): Schriftstellerische Inszenierungspraktiken – Typologie und Geschichte. Heidelberg 2011, 9–30.

Kahnke, Corinna: Transnationale Teutonen. Rammstein Representing the Berlin Republic. In: Journal of Popular Music Studies 25/2 (2013), 185–197.

Käsler, Dirk: Der politische Skandal. Zur symbolischen und dramaturgischen Qualität von Politik. Opladen 1991.

Kleesattel, Ines: Politische Kunst-Kritik. Berlin 2016.

Knobloch, Charlotte/(PNP): Knobloch zum Rammstein-Video: „Verharmlost Holocaust“ (2019). In: www.pnp.de/nachrichten/politik/Knobloch-zum-Rammstein-Video-Verharmlost-Holocaust-3273401.html (30.03.2021).

Knödler, Hermann/Martach, Swantje: Ästhetik, Digitalisierung und Konsum: mehr Umsatz durch Genuinität? In: Christian Arnold/Hermann Knödler (Hg.): Die informatisierte Service-Ökonomie. Wiesbaden 2018, 155–181.

Koschorke, Albrecht: Wahrheit und Erfindung. Grundzüge einer Allgemeinen Erzähltheorie. Frankfurt a.M. 2012.

Kuban, Thomas: Ich dulde keine Kritik an diesem heiligen Land (2012). In: https://www.sueddeutsche.de/kultur/das-erbe-der-boehsen-onkelz-ich-dulde-keine-kritik-an-diesem-heiligen-land-1.1290307 (19.03.2021).

LaFleur, Ingrid: TEDxFortGreeneSalon: Visual Aesthetics of Afrofuturism (2011). In: https://www.youtube.com/watch?v=x7bCaSzk9Zc (08.10.2021).

Lange, Nadine: Neues Rammstein-Album: Du willst es doch auch (2019). In: https://www.tagesspiegel.de/kultur/neuesrammstein-album-du-willst-es-doch-auch/24340844.html (14.01.2021).

Leerssen, Joep: The downward pull of cultural essentialism. In: Michael Wintle (Hg.): Image into identity: Constructing and assigning identity in a culture of modernity. Amsterdam 2006, 31–52.

Leerssen, Joep: Imagology: History and method. In: Manfred Beller/Joep Leerssen (Hg.): Imagology. The cultural construction and literary representation of national characters. Amsterdam/New York 2007, 17–32.

Lefort, Claude: Die Frage der Demokratie. In: Ulrich Rödel (Hg.): Autonome Gesellschaft und libertäre Demokratie. Frankfurt a.M. 1990, 281–297.

Lefort, Claude: Fortdauer des Theologisch-Politischen? Übersetzt von Hans Scheulen und Ariane Cuvelier. Wien 1999.

Lehmann, Johannes: Von der Störung der Ordnung zur Rettung des Lebens. Überlegungen zum Verhältnis von Narrativ und Politik (vor und um 1800). In: Behemoth. A Journal on Civilisation 9/1 (2016), 24–37.

Lehming, Malte: Jana aus Kassel und die lange Kette absurder Analogien (2020). In: https://www.tagesspiegel.de/politik/unwiderstehliche-ns-vergleiche-jana-aus-kassel-und-die-lange-kette-absurder-analogien/26650456.html (30.12.2020).

Lloyd, Alexandra: Rammstein Deutschland: the song and video explained (2020). In: https://www.loudersound.com/features/we-got-an-oxford-university-professor-to-explain-what-the-fcks-going-on-in-that-rammstein-video (11.10.2021).

Lüdeke, Ulf: Am Anfang war das Feuer. Die Rammstein-Story. München 2016.

MacCannell, Dean: Sights and Spectacles. In: Paul Bouissac/Michael Herzfeld/Roland Posner (Hg.): Iconicity. Essays on the Nature of Culture. Festschrift for Thomas A. Sebeok. Tübingen 1986, 421–435.

MacDonald, Keza: Rammstein's lurid lyrics turned me into a keen European (2021). In: https://www.theguardian.com/

music/2021/mar/01/rammstein-the-fandom-that-made-me (11.10.2021).

Maier, Andreas: Der deutsche Klang der Merkel-Jahre. In: Frankfurter Allgemeine Zeitung (15.07.2019), 11.

Marchart, Oliver: Die politische Differenz. Frankfurt a.M. 2010.

Marchart, Oliver: Die politische Differenz. Zum Denken des Politischen bei Nancy, Lefort, Badiou, Laclau und Agamben. Berlin [3]2016.

McClatchie, Stephen: Performing Germany in Wagner's "Die Meistersinger von Nürnberg". In: Thomas S. Grey (Hg.): The Cambridge Companion to Wagner. Cambridge 2008, 134–150.

Melle, Thomas: Vom Krassen. Präsenz statt Referenz. In: polar 16 (2014), 26–27.

Metal Hammer: The 7 most controversial Rammstein videos (2019). In: https://www.loudersound.com/features/rammsteins-most-controversial-videos (11.10.2021).

Moises, Jürgen: Ein solides, breitbeiniges Rockkonzert mit viel Feuerwerk (2019). In: https://www.sueddeutsche.de/muenchen/rammstein-konzert-muenchen-2019-kritik-1.4480773 (11.10.2021).

Moldenhauer, Gebhard/Vis, Jan (Hg.): Die Niederlande und Deutschland. Einander kennen und verstehen. Münster/New York/München/Berlin 2001.

Moore, Allan F.: Song Means. Analysing and Interpreting Recorded Popular Song. Farnham 2012.

Morey, Justin: Arctic Monkeys – The Demos vs. The Album. In: Journal on the Art of Record Production 4 (2009) https://www.arpjournal.com/asarpwp/arctic-monkeys-the-demos-vs-the-album-2/ (23.01.2022).

Mouffe, Chantal. Über das Politische. Frankfurt a.M. 2007.

MTV.de: Neuer Standard? Rechte Rapper in den Charts (2019). In: http://www.mtv.de/news/7yk00i/neuer-standard-rechte-rapper-in-den-charts (19.03.2021).

Mühlmann, Wolf-Rüdiger: Letzte Ausfahrt: Germania. Ein Phänomen namens neue deutsche Härte. Berlin 1999.

Müller, Robert: Mutterglück. In: Metal Hammer 2002/2, 26–29.

Music Now: Rammstein NEW Singe Deutschland 2019 PROMO (2019) [inkl. div. Kommentare]. In: https://www.youtube.com/watch?v=mEG2fabABtY (11.10.2021).

Musotalk: Jacob Hellner (Produzent Rammstein) – Interview 2010 (2010). In: https://www.youtube.com/watch?v=SsVkao70EJ4 (09.04.2021).

Myers, Ben: Industrial Revolution. In: Kerrang! 855 (2001), 40–41.

Mynett, Mark: Metal Music Manual. Producing, Engineering, Mixing, and Mastering Contemporary Heavy Metal. London 2017.

Neuhaus, Stefan: „Keine Atempause/Geschichte wird gemacht/es geht voran" (Fehlfarben, 1980). Geschichte in der deutschsprachigen Pop- und Rockmusik. In: Norman Ächtler/Anna Heidrich/José Fernández Pérez/Mike Porath (Hg.): Generationalität, Gesellschaft, Geschichte. Schnittfelder in den deutschsprachigen Literatur- und Mediensystemen nach 1945. Berlin 2021, 97–114.

Niehle, Victoria: Poetik der Fülle. Bewältigungsstrategien ästhetischer Überschüsse 1750–1810. Göttingen 2018.

Nieradzik, Andrea: Am Anfang war das Feuer. In: Metal Hammer 1998/2, 22–26.

NOS nieuws: Nieuwe single Rammstein: Holocaust-exploitatie of briljante Duitsland-kritiek? (2019). In: https://nos.nl/artikel/2278157-nieuwe-single-rammstein-holocaust-exploitatie-of-briljante-duitsland-kritiek.html (11.10.2021).

Nussbaum, Martha: Politische Emotionen. Warum Liebe für Gerechtigkeit wichtig ist. Berlin 2014.

Nye, Sean: What is Teutonic? An Update on the German Question. In: Katharina Wisotzki/Sara Falke (Hg.): Böse Macht Musik. Bielefeld 2012, 113–129.

O.A. [BILD online]: Darf man die Nazi-Zeit für PR benutzen? Rammstein schockt mit KZ-Video. Historiker, Politiker und jüdische Verbände reagieren empört (2019). In: https://www.bild.de/unterhaltung/leute/leute/rammstein-schockt-mit-kz-video-darf-man-die-nazi-zeit-fuer-pr-benutzen-60907904.bild.html (28.12.2020).

O.A. [FAZ online]: Rammstein-Video sorgt für Empörung (2019). In: https://www.faz.net/aktuell/feuilleton/pop/rammstein-video-sorgt-wegen-kz-anspielung-fuer-empoerung-16112184.html (30.12.2020).

Oakeshott, Michael: Rationalism in Politics and Other Essays. Indianapolis: Liberty Fund 1991.

Oguntoye, Katharina: Eine Afro-Deutsche Geschichte: Zur Lebenssituation von Afrikanern in Deutschland von 1884 bis 1950. Berlin 1997.

Otele, Olivette: African Europeans. An Untold History. London 2020.

Penke, Niels/Schaffrick, Matthias: Populäre Kulturen zur Einführung. Hamburg 2018

Penny, Laurie: Meat Market. Female Flesh Under Capitalism. Winchester/Washington 2010.

Pittlik, Wiebke: Rammsteins bizarre reis door Duitse geschiedenis (2019). In: https://duitslandinstituut.nl/artikel/30982/rammsteins-bizarre-reis-door-duitse-geschiedenis (16.10.2021).

Potter, Pamela, M.: Wagner and the Third Reich: Myths and Realities. In: Thomas S. Grey (Hg.): The Cambridge Companion to Wagner. Cambridge 2008, 235–245.

Quintilianus, Marcus Fabius: Ausbildung des Redners. Zwölf Bücher. Hg. und übersetzt von Helmut Rahn. 2 Bde. Darmstadt [2]1988. Zweiter Teil. Buch VII–XII. Buch IX 2, 64–68.

Rancière, Jacques: Fiktion der Erinnerung. In: Natalie Binczek/Martin Rass (Hg.): Sie wollen eben sein, was sie sind, nämlich Bilder … Anschlüsse an Chris Marker. Würzburg 1999, 27–38.

Rancière, Jacques: Politik der Literatur [2007]. Wien [2]2011.

Rancière, Jacques: Das Unvernehmen. Politik und Philosophie. Frankfurt a.M. [7]2018.

Raschke, Katina/Hurta, Jan: Rammsteins „Deutschland“ – das Skandalvideo (2019). In: https://deutschelieder.

wordpress.com/2019/07/26/rammstein-deutschland-video/ (08.10.2021).

Reed, Alexander: "Coolifying" Germany's Past and Present. Reading the U.S. Popularity of Rammstein's "Du Hast" (2007). In: http://salexanderreed.com/coolifying-germanys-past-and-present (09.04.2021).

Renan, Ernest: What Is a Nation? In: Homi Bhabha (Hg.) Nation and Narration. London 1990, 8–22.

Revolver Staff: 10 Best Music Videos of 2019. Rammstein, Belzebubs, Chelsea Wolfe, the HU and more (2019). In: https://www.revolvermag.com/music/10-best-music-videos-2019#bring-me-horizon-dark (11.10.2021).

Rheindorf, Markus/Wodak, Ruth: 'Austria First' revisited: a diachronic cross-sectional analysis of the gender and body politics of the extreme right. In: Patterns of Prejudice 53/3 (2019), 302–320. DOI: https://doi.org/10.1080/0031322X.2019.1595392.

Richter, Peter: Und dann macht es sehr laut Bumm (2019). https://www.sueddeutsche.de/kultur/rammstein-tour-gelsenkirchen-rezension-1.4465833 (11.10.2021).

Roastveen: Roastveen – Deutschland (Official HD Video) (2016). In: https://www.youtube.com/watch?v=JXzpx4WPXl0 (11.10.2021).

Robinson, David A.: Metamodernist Form, 'Reader-Response' and the Politics of Rammstein: What Rammstein Means When You Don't Understand the Lyrics. In: John T. Littlejohn/Michael T. Putnam (Hg.): Rammstein on Fire. New Perspectives on the Music and Performances. Jefferson 2013, 30–52.

Roland, Hubert/Beyen, Marnix/Draye, Greet: Einleitung. In: Hubert Roland/Marnix Beyen/Greet Draye (Hg.): Deutschlandbilder in Belgien 1830–1940. Münster/New York/München/Berlin 2011, 7–22.

Rushkoff, Douglas: Present Shock. Wenn alles jetzt passiert. Aus dem Amerikanischen von Andy Hahnemann und Gesine Schröder. Freiburg 2014.

Ruskell, Nick: Album Review: Rammstein – "Untitled" (2019). In: https://www.kerrang.com/reviews/album-review-rammstein-untitled (09.04.2021).

Russell, Xavier: The Seven Keys Of Hell. In: Kerrang! 139 (1987), 30.

Schaffrick, Matthias/Werber, Niels: Die Liste, paradigmatisch. In: Zeitschrift für Literaturwissenschaft und Linguistik 47/3 (2017), 109–125.

Schiller, Melanie: Soundtracking Germany. London 2020a.

Schiller, Melanie: Heino, Rammstein and the double-ironic melancholia of Germanness. In: European Journal of Cultural Studies 23/2 (2020b), 261–280. DOI: https://doi.org/10.1177/1367549418810100.

Schiller, Melanie/de Kloet, Jeroen: German Longings. In: Oliver Seibt/Martin Ringsmut/David-Emil Wickström (Hg.): Made in Germany. London 2020, 90–100.

Schmale, Jeroen: Immens populaire shockrock van Rammstein: nauwelijks op de radio, uitverkochte Kuip (2019). In: https://www.ad.nl/muziek/immens-populaire-shockrock-van-rammstein-nauwelijks-op-de-radio-uitverkochte-kuip~acb29007/ (11.10.2021).

Schmitt, Carl: Politische Romantik [1919]. Berlin [6]1998.

Schmücker, Reinold: Funktionen der Kunst. In: Bernd Kleimann/Reinold Schneider (Hg.): Wozu Kunst? Die Frage nach ihren Funktionen. Darmstadt 2011, 11–33.

Schneider, Frank Apunkt: Deutschpop halt's Maul! Für eine Ästhetik der Verkrampfung. Mainz 2015.

Schumacher, Eckhard: Present Shock. Gegenwartsdiagnosen nach der Digitalisierung. In: Merkur 72/836 (2018), 67–77.

Schürer, Petra/Zahn, Thorsten: Der siebte Mann. In: Metal Hammer 2004/11, 12–14.

Schütte, Uwe: „Wer mit dem Feuer spielt …". Rammstein und die Mischkalkulation deutscher Verlage (2020). http://archiv.faustkultur.de/4253-0-Rammstein-und-die-Mischkalkulation-deutscher-Verlage.html (11.10.2021).

Segal, David: Heavy-Metal Rammstein Stakes Its Claim to Flame (2001). In: https://www.washingtonpost.com/archive/

lifestyle/2001/07/30/heavy-metal-rammstein-stakes-its-claim-to-flame/390e2c05-ea45-4b18-a837-a16f511b5b32 (09.04.2021).

Segundo, Carlos: Jacob Hellner. Produzent von Rammstein (o.J.). In: https://www.delamar.de/musikbusiness/jakob-hellner-interview-produzent-von-rammstein-apocalyptica-covenant-clawfinger-9476 (09.04.2021).

Seidel, Anna: Meating Lady Gaga. Eine Text-Kontext-Analyse zu Lady Gagas Fleischkleid. In: testcard. Beiträge zur Popgeschichte 22 (2012), 114–119.

Seidel, Anna: Popfeminismus und Kritik. Beyoncés Herstory und warum es kompliziert bleibt. In: testcard. Beiträge zur Popgeschichte 25 (2017), 211–215.

Selfmade Records: 257ers – Holland (Official HD Video) (2016). In: https://www.youtube.com/watch?v=drFsXLChrWc (11.10.2021).

Sharma, Amit: Rammstein's Richard Z. Kruspe: "I can be such a geek when it comes to guitar sounds" (2018). In: https://www.musicradar.com/news/rammsteins-richard-z-kruspe-i-can-be-such-a-geek-when-it-comes-to-guitar-sounds (09.04.2021).

Simpson, Patricia Anne: Industrial Humor and Rammstein's Postmodern Politics. In: John T. Littlejohn/Michael T. Putnam (Hg.): Rammstein on Fire. New Perspectives on the Music and Performances. Jefferson 2013, 9–29.

Sommer, Stefan: Neuer Deutscher Rechtsrap (2019). In: https://www.br.de/puls/musik/aktuell/chris-ares-neuer-deutscher-rechtsrap-afd-100.html (19.03.2021).

Spiegel: Rechter Rapper „Chris Ares“ (2019). In: https://www.spiegel.de/video/der-chart-stuermer-rechter-rapper-chris-ares-video-99029165.html (19.03.2021).

Stöckmann, Ingo: Über Fülle/Überfülle. Textverfahren der Copia um 1890. In: Moritz Baßler (Hg.): Entsagung und Entsorgung. Aporien des Spätrealismus und Routines der Frühen Moderne. Berlin/New York 2013, 319–334.

Stubenrauch, Eva: Die eigene Zeit hassen. Zeitdiagnostik als Maßstab kollaborativer Wertung zwischen Gegenwart und Zukunft (Der Fall Tellkamp/Eisvogel). In: Sven Bordach/Carsten Rommel/Elisabeth Tilmann/Jian Xie/Jana Vijayakumaran (Hg.): Zwischen Halbwertszeit und Überzeitlichkeit. Geschichte der Wertung literarischer Gegenwartsbezüge. Hannover 2021, 41–64.

Tacitus, Publius Cornelius: Germania. Lateinisch/Deutsch. Übersetzt, erläutert und mit einem Nachwort hg. von Manfred Fuhrmann. Stuttgart 2016.

Tugendhat, Ernst: Vorlesungen über Ethik. Frankfurt a.M. [4]1997.

Twitter: Tweets zu den Suchbegriffen ‚Rammstein' und ‚Deutschland', 09.04.2021. https://twitter.com/search?q=rammstein%20deutschland&src=typed_query.

uh/mak (kan, rtr): Holocaust: Empörung über Rammstein-Werbevideo (2019). In: https://www.dw.com/de/emp%C3%B6rung-%C3%BCber-rammstein-werbevideo/a-48094064 (11.10.2021).

Van Lommel, Korneel: Waarom metalband Rammstein de nazi's niet verheerlijkt (2019). In: https://www.vrt.be/vrtnws/nl/2019/07/10/het-pleidooir-van-rammstein/ (11.10.2021).

Venus, Jochen: Die Erfahrung des Populären. Perspektiven einer kritischen Phänomenologie. In: Marcus S. Kleiner/Thomas Wilke (Hg.): Performativität und Medialität Populärer Kulturen. Theorien, Ästhetiken, Praktiken. Wiesbaden 2013, 49–73.

Venus, Jochen: Ausnahme Pop. Über die Unwahrscheinlichkeit einer besonderen ästhetischen Erfahrung. In: Zeitschrift für Literaturwissenschaft und Linguistik 46/3 (2016), 333–347.

Vermes, Timur: Er ist wieder da. Köln 2012.

Vogl, Joseph: Asyl des Politischen. Zur Topologie politischer Gelegenheiten. In: Uwe Hebekus/Ethel Mathala de Mazza/Albrecht Koschorke (Hg.): Das Politische. Figurenlehren des sozialen Körpers nach der Romantik. München 2003, 23–38.

Wagner, Richard: Deutsche Kunst und deutsche Politik. Leipzig 1868.

Wagner, Richard: Was ist Deutsch? In: Bayreuther Blätter 1/2 (1878), 29–42.

Walter-Jochum, Robert: (P)Reenacting Justice. Milo Raus Theater der Empörung. In: Adam Czirak/Sophie Nikoleit/ Friederike Oberkrome/Verena Straub/Robert Walter-Jochum/Michael Wetzels (Hg.): Performance zwischen den Zeiten. Reenactments und Preenactments in Kunst und Wissenschaft. Bielefeld 2019, 159–176.

Warhol, Andy/Hackett, Pat: POPism. The Warhol 60s. New York 1980.

Warschauer: Kann eine Note Rechts sein? (2008). In: http:// www.till-lindemann-fan-forum.de/t249f14-RE-Interviews.html (09.04.2021).

Wicke, Peter: Rammstein. 100 Seiten. Ditzingen 2019.

Wilhelms, Kerstin: The Sound of Germany. Nationale Identifikation bei Rammstein. In: Katharina Grabbe/Sigrid G. Köhler/Martina Wagner-Egelhaaf: Das Imaginäre der Nation. Zur Persistenz einer politischen Kategorie in Literatur und Film. Bielefeld 2012, 245–263.

Witzeck, Elena: Lieben und verdammen. Rammsteins neuer Song (2019). In: https://www.faz.net/aktuell/feuilleton/pop/aufruhr-um-rammsteins-neuen-song-deutschland-16114395.html (11.10.2021).

Zahn, Thorsten: Grenzerfahrungen. In: Metal Hammer 2002/2, 64–67.

Zahn, Thorsten: Sechs brennende Herzen. In: Metal Hammer 2009/10, 24–30.

Zahn, Thorsten: Till Lindemann. Dichter und Denker. In: Metal Hammer 2013/11, 18–23.

Zahn, Thorsten: Auf großer Flamme. In: Metal Hammer 2019/6, 16–21.

Printed in the United States
by Baker & Taylor Publisher Services